内 容 简 介

智慧交通是"交通强国"、交通运输领域新型基础设施的重要内容。在科技创新研发引领下，智慧高速公路作为智慧交通的核心场景，发展日新月异。本书围绕智慧高速公路建设需求，依托雄安新区对外骨干路网 160 千米智慧高速公路建设经验，创新性地提出了涵盖智慧交通关键技术、装备研发及测试场建设等内容的车路云网一体化智慧高速公路解决方案，并对该方案的总体架构、系统特征、关键技术、测试验证、应用实践和技术发展路径进行了全面介绍，为提升我国高速公路运营安全水平、通行效率和服务质量水平，以及指导高速公路智能化、信息化建设提供借鉴。

图书在版编目（CIP）数据

车路云网一体化智慧高速公路成套技术及场景应用 / 何勇海著 . —北京：电子工业出版社，2023.5

ISBN 978-7-121-45452-3

Ⅰ . ①车… Ⅱ . ①何… Ⅲ . ①智能运输系统 – 研究 Ⅳ . ① F502

中国国家版本馆 CIP 数据核字（2023）第 070752 号

责任编辑：李 敏

印　　刷：北京建宏印刷有限公司
装　　订：北京建宏印刷有限公司
出版发行：电子工业出版社
　　　　　北京市海淀区万寿路 173 信箱　　邮编：100036
开　　本：720×1000　1/16　印张：7.5　字数：124 千字
版　　次：2023 年 5 月第 1 版
印　　次：2025 年 3 月第 2 次印刷
定　　价：96.00 元

凡所购买电子工业出版社图书有缺损问题，请向购买书店调换。若书店售缺，请与本社发行部联系，联系及邮购电话：（010）88254888，88258888。

质量投诉请发邮件至 zlts@phei.com.cn，盗版侵权举报请发邮件至 dbqq@phei.com.cn。

本书咨询联系方式：limin@phei.com.cn。

顾问委员会

（排名不分先后）

龙　腾　中国工程院院士

刘　攀　东南大学党委常务副书记

王　谷　河北省交通运输厅副厅长

王国清　河北交通投资集团有限公司董事长

陈玉森　荷兰代尔夫特理工大学教授

作者团队

主　任　何勇海　河北省交通规划设计研究院有限公司党委书记

副主任　齐树平　河北交通投资集团有限公司总经理

　　　　　雷　伟　河北省交通规划设计研究院有限公司总工程师

　　　　　李春杰　河北省交通规划设计研究院有限公司副总经理

成　员（排名不分先后）

　　　　　焦彦利　付增辉　韩明敏　潘　秀　徐铖铖

　　　　　李志斌　赵建东　张　健　金　烨　次少丹

　　　　　宣智渊　高博麟　闫　涛　庞宏杰　吕　璇

　　　　　张　龙　赵清杰　杨　祥　王志斌　杨　阳

　　　　　邱文利　靳彦彪

序 一
PREFACE

习近平总书记指出，"交通成为中国现代化的开路先锋。"党的二十大报告提出，加快建设交通强国。这是统筹推进交通强国建设的战略升级，更为今后我国交通运输事业的发展提供了根本遵循。

交通强国建设在构建日益完善的交通"主骨架"等传统"硬件"的同时，更应当在新型基础设施建设应用方面下足功夫。《交通运输部关于推动交通运输领域新型基础设施建设的指导意见》明确提出了智慧公路、第五代移动通信技术（5G）等协同应用、数据中心、科技研发等十四项主要任务。《关于加快建设国家综合立体交通网主骨架的意见》明确，鼓励智慧交通产业发展，全面推动交通运输产业信息化、数字化、网络化。智慧高速公路作为智慧交通的核心场景，其发展日新月异。

近年来，全国多省份陆续出台智慧高速公路相关指导文件，利用先进信息技术深度赋能交通基础设施，高速公路感知、管理、服务能力得到了空前的提升。为解决智慧交通精准感知关键技术问题，河北省交通规划设计研究院与北京理工大学深入合作，率先成功研制了千米超距毫米波交通雷达产品，其探测精度优于同类产品，解决了核心元器件"卡脖子"难题。以该产品为重要基础，河北省交通规划设计研究院打造了车路云网一体化智慧高速公路解决方案，并在雄安新区对外骨干路网实现了规模化、系统化落地。相关实践应用不仅印证了技术路线

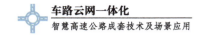

的正确性，而且确立了该解决方案的显著优势和行业价值，成为向世界展示中国式现代化交通智慧的窗口。

智慧高速公路是全局性、系统性的工程，有赖于业务、技术和装备层面的顶层设计。统筹整合各地探索经验成效，统一协调产业链相关资源，为未来的项目建设提供规范和指导，是提升智慧高速公路建设水平的必然要求。本书系统总结了雄安新区对外骨干路网智慧高速公路建设经验，对车路云网一体化智慧高速公路解决方案的总体架构、系统特征、关键技术、测试验证、应用实践和技术发展路径进行了全面总结和学术升华，是河北智慧高速公路建设经验的深度提炼，可以为提升我国高速公路运营安全水平、通行效率和服务质量水平，以及指导高速公路智能化、信息化建设提供有益借鉴。

智慧高速公路作为新事物，必然要经历一个曲折的探索过程。放眼未来，智慧高速公路的建设还存在一些需要行业内、跨行业共同着力解决的问题，需要我们携起手来，开放包容，自信自强，守正创新，通过质量与模式的持续创新提升，切实实现安全畅行、智慧管理、创新赋能、绿色低碳等目标，更好地服务于人民群众安全出行的需要。

是为序。

中国工程院院士

2023 年 5 月

序 二
PREFACE

过去几十年，我国高速公路建设取得了历史性成就。截至2022年年底，我国高速公路通车总里程已经达到17.7万千米，居世界首位。2020年，《交通运输部关于推动交通运输领域新型基础设施建设的指导意见》明确了智慧高速公路的建设方向和发展目标。在国家政策的大力推动下，各省份加快了智慧高速公路试点建设的步伐，并取得了许多有益的经验。然而，目前行业内对智慧高速公路的内涵和实现路径仍缺乏共识。

智慧高速公路的本质是，通过数字化和智能化技术的应用，提升高速公路运营管理水平，从而提升高速公路的整体效能，为公众提供更加便捷和高效的服务。主动交通管控是智慧高速公路的核心功能之一。主动交通管控技术基于实时采集的交通流和交通环境数据，运用智能化技术实现对交通拥堵和交通事故风险的智能分析和预测，并在此基础上通过交通流动态控制等技术手段，实现对交通运行状态的主动管控，以减少交通拥堵、提升行车安全。

近年来，河北省在京津冀协同发展和雄安新区规划建设等国家重大战略的引领下，积极致力于推进智慧高速公路建设，取得了引人瞩目的成就，产生了广泛而深远的影响。河北省交通规划设计研究院与东南大学紧密合作，依托雄安新区对外骨干路网荣乌高速新线和京德高速公路的智慧化建设工程，系统地实践和应用智慧高速公路的研究成果和核心技术，在交通事故风险实时预警、车道级交通流主动控制等方面取得了突出的应用示范效果。

本书旨在系统总结雄安新区对外骨干路网智慧高速公路研究与建设经验。本书从智慧高速的总体架构、内涵特征、数字感知、主动控制、车路协同、网联化管理、测试验证与评估等多个角度，全面介绍了作者团队研发的智慧高速公路整体解决方案，总结了荣乌高速新线、京德高速公路等典型智慧高速公路工程实践中的科技成果、经验成效和集成技术，为高速公路的智能化和信息化建设提供了宝贵的案例和借鉴。

当前，我们正站在一个令人振奋的新时代门槛上，智慧高速公路的快速发展必将对交通运输行业产生深远的影响。在这个融合了先进科技和智慧的生态系统中，每一位交通运输从业者都扮演着重要的变革角色。我们坚信，通过交通运输从业者的不懈努力和奋斗，我国智慧高速公路建设必将谱写新的蓝图、取得新的成就。

东南大学党委常务副书记

2023 年 5 月

前 言
FOREWORD

作为新型交通基础设施建设的核心场景之一，智慧高速公路集成应用 5G、车路协同、物联网、大数据、人工智能等新兴技术，推进高速公路传统基础设施系统升级迭代，是推动交通行业绿色低碳发展的重要途径，也是落实"交通强国"战略的重要举措。在科技创新的引领和带动下，多省市陆续出台智慧高速公路相关指导性文件，加快推进智慧高速公路建设。

河北省以"京津冀协同发展、雄安新区规划建设、北京冬奥会筹办"等重大国家战略和国家大事为契机，积极构建区域智慧公路网。作为河北省交通科技创新领军企业，河北省交通规划设计研究院有限公司联合国内外高端团队，按照"场景导向、技术驱动、融合创新"的工作思路，依托交通运输部自动驾驶技术交通运输行业研发中心和车路云网河北省工程研究中心两个省部级智能交通创新平台，攻克超距雷达感知、主动控制、车基反馈等多项核心技术，首创"感知、控制、协同、管理、服务"五星架构，形成架构完整、技术领先的车路云网一体化智慧高速公路解决方案。2018 年以来，该解决方案及成套技术累计指导智慧高速公路建设约 600 千米，并在雄安新区对外骨干路网荣乌高速新线、京德高速公路智慧化建设中实现规模化、系统化落地。本书全面介绍了车路云网一体化智慧高速公路解决方案的总体架构、技术演进、系统特征、技术支撑、测试验证和应用实践，并对技术发展路径进行展望，为提升高

速公路运营安全、通行效率和服务质量水平，以及指导高速公路智能化、信息化建设提供借鉴。

本书的研究成果和工程应用主要由河北省交通规划设计研究院有限公司根据河北省智慧高速公路相关研究和建设经验总结而来。

本书在著作过程中得到了中国工程院院士龙腾、东南大学党委常务副书记刘攀、河北省交通运输厅副厅长王谷、河北交通投资集团有限公司董事长王国清、荷兰代尔夫特理工大学教授陈玉森的指导与帮助，以及东南大学、北京理工大学、北京交通大学、北京工业大学等高等院校的技术支持，在此表示衷心的感谢。

目前，作者仍在开展智慧高速公路关键技术的持续迭代研究，尚在探索更多、更深层次的问题，再加上理论水平与实践经验有限，书中难免存在不足之处，恳请读者批评指正。

2023 年 2 月

目 录

第 1 章

智慧高速公路
建设需求

1.1 国家政策

2017 年，党的十九大提出了建设"交通强国"的战略目标。2019 年，中共中央、国务院印发的《交通强国建设纲要》提出，"构建安全、便捷、高效、绿色、经济的现代化综合交通体系""到 2035 年，基本建成交通强国"，并明确提出"大力发展智慧交通"。2022 年，党的二十大报告明确提出，"加快建设交通强国""以国家战略需求为导向，集聚力量进行原创性引领性科技攻关，坚决打赢关键核心技术攻坚战""加快实施一批具有战略性全局性前瞻性的国家重大科技项目，增强自主创新能力"。

智慧交通是交通强国、数字中国的重要建设内容，也是融合基础设施的重要应用领域。2020 年 2 月，国家发展改革委、交通运输部等 11 个部门联合印发《智能汽车创新发展战略》，将推进智能化道路基础设施规划建设作为智能汽车发展的重要任务，提出"分阶段、分区域推进道路基础设施的信息化、智能化和标准化建设"。2020 年 4 月，国家发展改革委首次明确新型基础设施的范围。2020 年 8 月，交通运输部印发的《关于推动交通运输领域新型基础设施建设的指导意见》提出，"围绕加快建设交通强国总体目标，以技术创新为驱动，以数字化、网络化、智能化为主线，以促进交通运输提效能、扩功能、增动能为导向，推动交通基础设施数字转型、智能升级，建设便捷顺畅、经济高效、绿色集约、智能先进、安全可靠的交通运输领域新型基础设施。"2021 年，交通运输部印发的《交通运输领域新型基础设施建设行动方案（2021—2025 年）》提出，"到 2025 年，打造一批交通新基建重点工程，形成一批可复制推广的应用场景，制修订一批技术标准规范，促进交通基础设施网与运输服务网、信息网、能源网融合发展，精准感知、精确分析、精细管理和精心服务能力显著增强，智能管理深度应用，一体服务广泛覆盖，交通基础设施运行效率、安全水平和服务质量有效提升。"同年，交通运输部印发的《数字交通"十四五"发展规划》提出，到 2025 年，"交通设施数字感知，信息网络广泛覆盖，运输服务便捷智能，行业治理在线协同，技术应用创新活跃，网络安全保障有力"的数字交通体系深入推进，"一脑、五网、两体系"的发展格局基本建成，交通新基建取得重要进展，行业数字化、网络化、智能化水平显著提升，有力支撑交通运输行业高质量发展和交通强国建设。

随着国家和相关部委多项相关政策文件的发布，智慧交通正在迈入新阶段。智慧高速公路作为智慧交通的核心场景，在政策支持和科技创新引领下，发展日新月异。

1.2　国际现状

美国智能交通技术发展起步较早，由美国交通运输部制定发展战略，主导交通通信管理技术的研发验证，并将成熟技术以试点形式逐步在美国现有高速公路上落地部署。截至 2021 年，美国已发布三版《智能交通系统战略规划》。《智能交通系统战略规划（2010—2014）》强调交通的连通性；《智能交通系统战略规划（2015—2019）》重视车辆自动化和基础设施互联互通；《智能交通系统战略规划（2020—2025）》由隶属美国交通运输部的智能交通系统联合计划办公室（Intelligent Transportation Systems Joint Program Office，ITS JPO）制定，工作重心从强调自动驾驶和智能网联单点突破到新兴科技全面创新布局，将新兴技术、数据共享、网络安全、自动驾驶、完整出行、加快 ITS 部署作为 ITS 技术发展的六个重点方向，指出要完善 ITS 生态系统内交通数据的访问、共享渠道，推动数据与自动驾驶、人工智能应用程序、运输服务及基本公共服务的加速集成。

自 2000 年以来，日本开始正式实施 ETC 计划，到 2015 年逐步建立了以车路交互技术为核心的 ETC 2.0 战略，整合高速公路 ETC（Electronic Toll Collection）系统、道路交通信息通信系统（Vehicle Information and Communication System，VICS）、智能终端，实现高速公路收费、信息服务及车 – 车、车 – 路交互等功能，高速公路互通区拥堵减少 55.7%，交通领域碳排放量减少 13 万吨 / 年。近年来，日本智能交通技术领域加强产学研联合，由日本综合科学技术创新委员会（Council for Science, Technology and Innovation，CSTI）牵头开展了"跨部门战略创新提升计划"（Cross-ministerial Strategic Innovation Promotion Program，SIP），推动基础设施电气化，加强基础设施的边缘计算能力，提供驾驶辅助和区域自动驾驶支持功能，同时强调以用户需求为中心提供智慧出行服务（Mobility as a Service，MaaS）。2021 年，日本更新发布《官民 ITS 构想及路线图》，推动自动驾驶与智能交通、智能社会的协同。

欧洲因国家多、各国面积小、跨国交通频繁，因此更注重构建统一的 ITS 基础平台，在通信基础、标准化、信息共享及安全等方面更加规范化。为协调智能交通技术在欧盟各成员国的研发及推广，2010 年 8 月，欧盟委员会（European Commission，EC）签署了 2010/40/EU 法令（ITS 法令），以此为总纲，针对不同成员国的发展禀赋和地理特点，有针对性地制定了各成员国 ITS 技术研发的重点方向。为保障技术路线的正确性，欧盟委员会组织各成员国专家开展技术咨询论证，明确 ITS 技术关键定义、研究范围和平台建设需求，并根据技术发展迭代情况，不断对 ITS 法令进行增补和修订，确保技术研发的连贯性。

2019 年，欧洲发布《网联式自动驾驶路线图》，强调车辆与基础设施之间的互联互通；开展以主动交通管理为主要特征的 Easyway 项目和合作式智能交通系统（Cooperative ITS，C-ITS）战略，并在荷兰、德国、奥地利开展了 ITS 走廊（ITS Corridor）跨国高速公路示范工程。2019 年 11 月，为推进适用于网联车、自动驾驶车的基础设施建设，欧盟公布了 ISAD（Infrastructure Support for Automated Driving）分级，将交通基础设施由高到低分为 A、B、C、D、E 共五个级别。E 级最低，不提供任何自动驾驶支持服务；D 级只提供静态数据和部分路段的数字地图；C 级提供可变限速、警告信息、道路事件和天气情况等动态信息，是最简化的数字基础设施，已在欧洲获得大范围推广；B 级具备协同感知能力，可通过各类传感器捕捉实时路况信息，并向车辆反馈；A 级是最高级别，可感知车辆运行轨迹，对自动驾驶车实施单车或车队引导，进行纵向控制（车头时距）和横向控制（变道建议）。

2022 年，欧盟委员会下辖的 ITS 委员会（ITS Committee）发布了《针对 2010/40/EU 法令第 6（3）条的新增行动纲要 2022—2027》，要求进一步提高 C-ITS 服务在全体欧盟成员国的兼容性、互操作性；修改了欧盟多模态出行信息服务规范，确保交通数据跨国交换复用的可操作性。以数据交换为前提，欧盟未来 5 年将强化立法和标准化建设，规范道路运营商、汽车制造商、货运物流公司、网络服务商之间的交通管理信息交互，为车辆网联技术、自动驾驶技术的发展搭建安全、高效的网络平台。

🗨 1.3　国内现状

2018 年 2 月，交通运输部发布《关于加快推进新一代国家交通控制网和智慧公路试点的通知》，提出在全国 9 个省份开展试点示范。2019 年 12

月，我国确定首批 13 个交通强国建设试点地区。智慧高速公路是智慧交通和交通强国建设的着力点和发力点，各省、市、地区以国家政策为向导，积极推动智慧高速试点示范及地方标准的形成，指导高速公路建设，为推进新基建落地奠定了良好基础。

在智慧高速公路建设方面，北京市新机场高速、延崇高速（北京段）、京雄高速（北京段），河北省荣乌高速新线、京德高速、京雄高速（河北段）、延崇高速（河北段），浙江省杭绍甬高速、沪杭甬高速、杭州绕城西复线、杭绍台高速，江苏省 342 省道无锡段、524 国道常熟段、沪宁高速、五峰山高速，天津市津石高速，山东省济青中线、滨莱高速改扩建、京台高速、济潍高速，吉林省珲乌高速，河南省机西高速，安徽省宁芜高速，江西省昌九高速、宁定高速，广东省乐广高速、南沙大桥、深圳外环高速，山西省五盂高速，湖北省鄂州机场高速，陕西省西安外环高速公路南段，四川省成都绕城高速、成宜高速、都汶高速龙池连接线，重庆市石渝高速，湖南省长益复线、绕城高速，贵州省贵安复线，云南省昭阳西环，广西省沙井至吴圩公路，海南省海南环岛旅游公路等 40 余个智慧公路示范项目，已建成和正在建设超过 9000 千米的智慧高速公路。

在智慧高速公路建设标准方面，自 2020 年以来，浙江省、江苏省、宁夏回族自治区、山东省、四川省、重庆市、北京市、云南省、甘肃省、河南省、河北省、上海市、广东省、吉林省、贵州省等省（自治区、直辖市）陆续出台智慧高速公路建设相关指南、地方标准（见表 1.1），指导和规范本省（自治区、直辖市）智慧高速公路建设。

在车路协同和自动驾驶测试方面，工业和信息化部批复上海市、浙江省、北京市和河北省（京冀）、重庆市、湖北省、吉林省、江苏省、成都市 8 个智能网联汽车测试示范基地。交通运输部分 3 批，认定 7 个自动驾驶封闭场地的测试基地，分别在：北京、西安、重庆（第 1 批），上海、泰兴、襄阳（第 2 批），亦庄（第 3 批）。交通运输部认定自动驾驶技术、交通基础设施智能制造技术、综合交通运输大数据处理及应用技术等方向的交通运输行业研发中心，推动新兴技术在交通运输领域的应用。

表 1.1　智慧高速公路建设指南、地方标准一览

序　号	名　　称	类　　型
1	《智慧高速公路》系列川渝区域地方标准	地方标准
2	《智慧高速公路建设技术指南》（吉林省）	地方标准
3	《智慧高速公路建设指南》（山东省）	地方标准
4	《智慧高速公路建设指南》（河北省）	地方标准
5	《浙江省智慧高速公路建设指南（暂行）》	指导性文件
6	《江苏省智慧高速公路建设技术指南》	指导性文件
7	《江苏省普通国省道智慧公路建设技术指南》	指导性文件
8	《宁夏公路网智能感知设施建设指南》	指导性文件
9	《智慧高速公路建设指南（征求意见稿）》（北京市）	指导性文件
10	《云南省智慧高速公路建设指南（试行）》（2022 年版）	指导性文件
11	《甘肃省智慧公路体系框架》	指导性文件
12	《河南省智慧高速公路建设技术指南（试行）》	指导性文件
13	《上海市智慧高速公路建设技术导则》	指导性文件
14	《广东省智慧高速公路建设指南（试行）》	指导性文件
15	《贵州省智慧高速公路建设指南（试行）》	指导性文件

1.4　建设需求

1. 顶层设计

当前，全国各地智慧高速公路建设如火如荼，但尚缺乏统一规范模式。在智能网联、云计算、自动驾驶、移动通信、人工智能等先进技术快速发

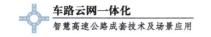

展的背景下，亟需开展顶层设计，提出融合"车－路－云－网"的智慧高速公路体系架构，实现智慧高速公路的规范建设和管理。

2. 技术应用

智慧高速公路相关技术发展面临五大转变，一是由交通宏观状态监测向车辆微观行为感知转变，需要研发适用于连续监测的感知设备，解决交通运行状态全天时、全天候高精度获取的难题；二是由传统交通监控向主动控制转变，基于交通事件、交通运行态势评估和交通安全风险预测，需要研究制定不同场景下的主动交通管控方案；三是由传统信息提示向智能网联转变，需要构建车路信息交互模式，破解车与基础设施之间、车与车之间、车与人之间的智能协同问题；四是交通数据由分散存储向综合利用转变，需要强化数据共享机制，夯实高速公路数字底座，建立融合感知、决策控制及安全高效的集成化管理平台，全面提高管理效能；五是由设备级测试向系统级测试转变，解决高速公路新设备、新系统、新技术与应用场景的整体效果验证问题。

3. 出行服务

每年因恶劣天气导致的道路封闭、交通拥堵等问题，严重影响公众出行体验。在出行增加、交通压力增大的情况下，如何利用信息化、智能化手段，逐步提高高速公路服务水平，最大限度地缩短恶劣天气下的封路时间，是亟需解决的问题。同时，交通运输部门需要丰富服务方式，为公众多方式出行提供安全、便捷、高效、舒适、经济、人性化的出行服务，不断满足人民群众日益增长的美好生活对交通的需求。

1.5　场景分析

1. 数字化场景

全面掌握交通基础设施及其附属交通安全设施基本信息、交通运行、工程历史等静态数据和交通运行环境动态数据，通过 BIM+GIS、北斗定位、高精度地图、数字孪生等新兴技术手段，实现基础设施及包含人、车、路环境在内的动态数据数字化，推动精准感知、科学决策、动态管理、镜像呈现等数字化场景创新迭代。

2. 主动交通控制场景

利用实时交通信息采集与融合技术，通过速度控制、车道控制和匝道控制等策略对高速公路进行分车道精准交通控制，解决"只监不控"的行业痛点，实现高速公路分时段、分路段、分车道实时交通管理与精准控制，最大限度地提升通行安全水平与通行效率。

3. 安全风险预警场景

基于实时交通信息采集与融合技术，分析交通运行状态，进行短时预测及风险辨识。路段通过主动控制策略和协同管理，保障在不良天气条件下的行车安全，降低拥堵路段追尾事故风险，提高瓶颈区域车辆通行能力，提升道路对超大流量的适应能力，强化系统对突发事件的响应能力。

4. 车道级驾驶引导场景

在车路协同系统建设初期，车载单元（On Board Unit，OBU）装载量较少，可利用云控基础平台与互联网公司共享数据，道路端设备向第三方导航平台推送高精度地图，同时引入第三方导航平台数据，通过车牌识别、高精度定位等技术实现车路数据交互，进而实现车道级精准定位，为事件报警、救援请求等提供精准服务，同时根据车道位置，丰富交通主动控制信息发布渠道，实现高速公路车道级智慧驾驶引导服务。

5. 智慧出行新服务场景

通过数据共享、路侧设施诱导等措施，推动区域路警融合的高速公路准全天候通行，为管理者及公众出行提供动态的交通管控、智慧服务、车路协同驾驶体验、综合运维等应用服务，面向智慧化出行，探索交通服务新思路，不断创新服务模式，提升服务品质，积极引导交通服务新业态发展。

第 2 章

车路云网一体化
总体架构

2.1 五星架构

车路云网一体化智慧高速公路解决方案，着眼智慧高速公路建设新需求，面向基础设施数字化、综合效率、融合交互、精准管理、服务提升，以数据深度挖掘和融合应用为核心，融合"车-路-云-网-人"五大因素，秉承"以需设景、以景定案"和"因地制宜、因时制宜、因路制宜、先测后建、以评促建"的理念，构建以感知、控制、协同、管理、服务五个系统为基础的循环交互、可持续迭代的"五星架构"体系。

如图 2.1 所示，车路云网一体化智慧高速公路解决方案集感知系统、控制系统、协同系统、管理系统、服务系统及相应的基础支撑于一体，通过相互支撑、相互反馈、相互决策、相互融合、相互呈现，形成了一套比较完善的高速公路智慧化建设总体架构。该智慧高速公路解决方案是指导智慧高速公路建设落地的指南、标准，同时涵盖了支撑智慧高速公路落地的新技术、新设备、测试评估指标等内容。

1. 感知系统获取数据

以千米超距毫米波交通雷达为核心，融合气象、视频、ETC（Electronic Toll Collection）系统等构建多维交通大数据感知体系，实现全路段车辆唯一 ID（Identity Document）追踪；结合高精度地图实现虚实结合的交通数字孪生，为智慧交通其他系统提供数据支撑，为出行者提供超视距车道级数据服务。

2．控制系统处理数据

利用数字感知系统采集的交通、气象数据等，实时评估交通运行态势并进行交通事故风险辨识，形成融合多种场景的动态控制策略，通过协同系统的分车道信息发布、雾区综合诱导、主动式发光诱导等措施进行信息发布及诱导，实现高速公路分路段、分车道、分时段的实时交通管理与控制。

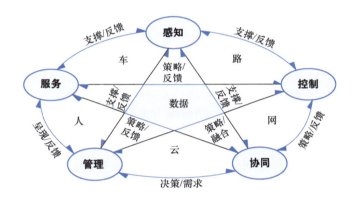

图 2.1　车路云网一体化智慧高速公路解决方案总体架构

3．协同系统分发数据

通过人、车、路信息的实时交互，实现车辆与基础设施之间、车辆与车辆之间、车辆与人之间的智能协同和配合，并以车基反馈、车道级智慧驾驶引导等应用为切入点，构建面向未来的多模式协同智能交通体系。

4．管理系统维护数据

以云控基础平台为支撑，打造智能交通管控数字底座，构建五大系统数据链路，实现各类智慧管理应用。充分考量交通驾驶形态从"人驾驶"走向"网联式自动驾驶"的演进趋势，从架构层面实现水平扩展与能力预留。

5. 服务系统赋能数据

为管理者及公众提供动态交通管控、智慧服务、车路协同驾驶体验、综合运维等应用服务，结合速度限制、路侧诱导等技术措施和路警联动等政策保障，推动高速公路准全天候通行。

2.2 功能架构

车路云网一体化智慧高速公路解决方案功能架构以标准规范体系和信息安全体系为支撑，包括数字感知层、融合通信层、交通云控资源层、协同控制层、场景应用层，如图 2.2 所示。

（1）数字感知层：负责多源数据采集，并通过融合通信层将数据上传至交通云控资源层。

（2）融合通信层：负责信息的传输，包括光纤通信传输网络、无线通信传输网络等，并负责将信息传递给用户的前端系统。

（3）交通云控资源层：实现高速公路静态数据、动态数据、业务管理数据、应用主题数据的汇集、清洗、整合、存储、分析、计算、应用和共享，以及交通云控管理的软硬件支撑、内部处理和外部对接等。

（4）协同控制层：利用交通云控资源层汇集的交通数据，实现高速公路主动控制、车路信息交互、信息预警等功能。

（5）场景应用层：通过各应用系统实现人、车、路、环境的信息交互和应用场景，包括面向管理者、公众和特定用户的智慧化服务，以及与省级交通运行监测调度中心（Transportation Operations Coordination Center，TOCC）、第三方平台的对接。

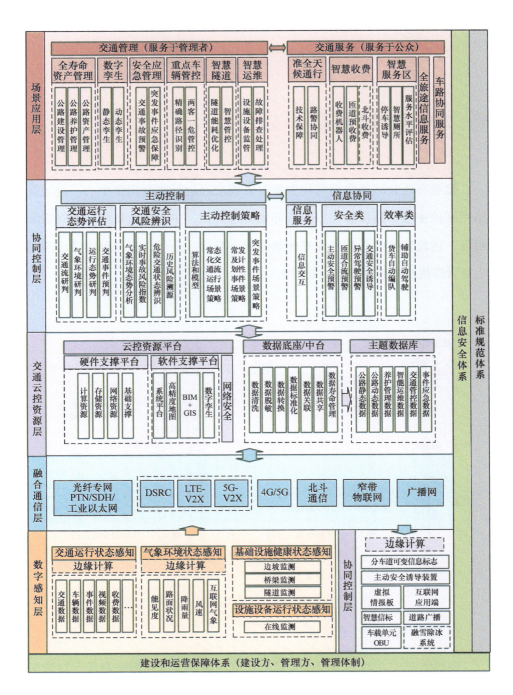

图 2.2　车路云网一体化智慧高速公路解决方案功能架构

2.3 路网协同

　　智慧高速公路的管理机构主要有省级交通运行监测调度中心、区域级路网管控中心、路段管控中心，分别实现宏观、中观、微观的交通管理和服务。路段管控中心基于管理体制和管理模式，采用以下两种模式实现与上级管理机构的数据交互，如图 2.3 所示。

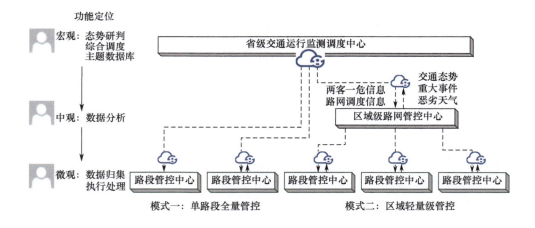

图 2.3　路网协同架构示意

模式一：单路段全量管控

　　路段管控中心对多源数据采集和汇聚，根据管理和服务需求，对数据进行处理和分析，并将处理后的交通态势、重大事件、恶劣天气等信息直接上传至省级交通运行监测调度中心。省级交通运行监测调度中心基于整体路网运行状况，形成交通管理主题数据库，同时研判路网运行交通态势，将综合调度信息下发至路段管控中心。

模式二：区域轻量级管控

区域级路网管控中心是为了综合一定范围内道路的管理需求而设置的。路段管控中心采集和汇聚多源数据，并将数据上传至区域级路网管控中心。区域级路网管控中心负责对数据进行处理和分析，并将处理后的交通运行、环境状态等信息上传至省级交通运行监测调度中心。在该模式下，区域级路网管控中心负责与省级交通运行监测调度中心进行数据对接，并接收省级交通运行监测调度中心下发的路网和路段的管控信息。

2.4 技术映射

本节从政策规划、关键技术、典型应用场景支撑等角度，对车路云网一体化智慧高速公路解决方案进行符合性分析。

1. 政策规划符合性分析

《交通强国建设纲要》提出，"构建安全、便捷、高效、绿色、经济的现代化综合交通体系，打造一流设施、一流技术、一流管理、一流服务，建成人民满意、保障有力、世界前列的交通强国。"

《交通运输部关于推动交通运输领域新型基础设施建设的指导意见》提出，"到 2035 年，交通运输领域新型基础设施建设取得显著成效。先进信息技术深度赋能交通基础设施，精准感知、精确分析、精细管理和精心服务能力全面提升，成为加快建设交通强国的有力支撑。"

《智能汽车创新发展战略》在"推进智能化道路基础设施规划建设"主要任务中提出，"建设智慧道路及新一代国家交通控制网。分阶段、分区域推进道路基础设施的信息化、智能化和标准化建设。结合5G商用部署，推动5G与车联网协同建设。统一通信接口和协议，推动道路基础设施、智能汽车、运营服务、交通安全管理系统、交通管理指挥系统等信息互联互通。"

车路云网一体化智慧高速公路解决方案推动了大数据、人工智能、第五代移动通信技术（5G）、北斗卫星导航系统和遥感卫星等新技术与交通行业深度融合。

在感知设备层面，加快超距毫米波交通雷达、路侧单元（Road Side Unit，RSU）、车载单元（OBU）、智慧门架等交通装备技术升级，推广应用了分车道可变信息标志、主动发光轮廓标志、主动发光标志等智能化交通装备。

在管理应用层面，研发应用数字孪生仿真推演平台、车道化主动控制系统、车道级驾驶引导系统、交通云控管理系统和建管养全过程资产管理平台等新一代智能交通管理系统，形成智慧交通数据应用闭环，实现交通综合运行监测、动态交通管控、综合指挥调度和信息服务等功能，提高道路的管理和服务水平，符合《交通强国建设纲要》《交通运输部关于推动交通运输领域新型基础设施建设的指导意见》《智能汽车创新发展战略》的政策要求。

车路云网一体化智慧高速公路解决方案的政策规划符合性如表2.1所示。

表 2.1　政策规划符合性一览表

政策规划 系统名称	《交通强国建设纲要》	《交通运输部关于推动交通运输领域新型基础设施建设的指导意见》	《智能汽车创新发展战略》
感知系统	√	√	√
控制系统	√	√	√
协同系统	√	√	√
管理系统	√	√	√
服务系统	√	√	√
注：√表示符合。			

2．关键技术相关性分析

车路云网一体化智慧高速公路解决方案通过主动控制、车路协同、第五代移动通信技术（5G）、人工智能、云计算等技术应用，实现以交通主动控制为主的核心功能，增强交通运输运行管理预见性、主动性、协同性和能动性，支撑京津冀区域城市群主通道准全天候通行技术能力建设，满足管理和服务多层次需求。同时，面向未来车路协同、协同式自动驾驶的不同发展阶段，支持车路协同、自动驾驶技术应用，实现人、车、路、环境等的泛在互联、互感、互动，提高区域高速公路智慧化水平，实现智慧高速公路路网级协同控制。

车路云网一体化智慧高速公路解决方案各系统与关键技术的相关性如表 2.2 所示。

3．典型应用场景支撑分析

车路云网一体化智慧高速公路以感知系统、控制系统、协同系统、管理系统、服务系统等为核心，实现数字化、主动交通控制、安全风险预警、车道级驾驶引导、智慧出行新服务等应用场景。

表 2.2　各系统与关键技术的相关性一览表

关键技术 系统名称	第五代移动通信技术（5G）	主动控制	车路协同	人工智能
感知系统	◎	◎	◎	◎
控制系统	○	◎	○	○
协同系统	◎	○	◎	◎
管理系统	○	◎	◎	◎
服务系统	◎	○	◎	○
注：◎表示强相关关系；○表示有关系或弱相关关系。				

　　车路云网一体化智慧高速公路解决方案各系统对典型应用场景支撑如表 2.3 所示。

表 2.3　各系统对典型应用场景支撑一览表

应用场景 系统名称	数字化	主动交通控制	安全风险预警	车道级驾驶引导	智慧出行新服务
感知系统	++	++	++	++	++
控制系统	+	++	++	++	++
协同系统	++	+	+	++	++
管理系统	++	++	++	++	++
服务系统	+	+	+	++	++
注：++ 表示系统对场景有较强支撑性；+ 表示系统对场景有支撑性或弱支撑性。					

第 3 章

全息化
数字感知

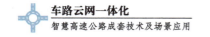

🗨 3.1　内涵与特征

全息化数字感知通过一系列感知设备，采集高速公路基础设施监测信息、交通运行状态信息、沿线路域环境信息、设备运行状态信息，辅以移动终端、车载终端反馈信息，实现高速公路实时状况信息获取、边缘融合及智能分析，构成数字化高速公路的基础数据。

全息化数字感知由基础设施健康状态感知、交通运行状态感知和分析、气象环境状态感知和分析、设施设备运行状态感知构成，形成多维监测、全方位的全息化数字感知网络（见图 3.1），实现基础设施静态数据，以及包含人、车、路环境在内的动态数据数字化，为智慧高速公路其他系统提供数据支撑。

1. 基础设施健康状态感知

在高速公路基础设施的关键结构部位布设各类传感器节点，收集高速公路重要路段、特大桥梁、长大隧道结构的振动、应变、环境等信息，感知高速公路基础设施的健康状态，并进行动态监测，为智慧高速公路基础设施安全运营提供信息化支持。

2. 交通运行状态感知和分析

通过雷达、视频、线圈等多种技术手段获取交通流量、交通密度、车辆速度、道路占有率、区段交通流量、车道车辆运行状况（车速、车型、行驶车道等）、道路拥挤度状态、异常事件等动态交通数据。车路云网一体化智慧高速公路解决方案以千米超距毫米波交通雷达为核心，融合监控摄像机、高清卡口、路侧单元等进行多维感知，不仅可以获取以上动态交通数据，而且可以对车辆进行实时连续跟踪。

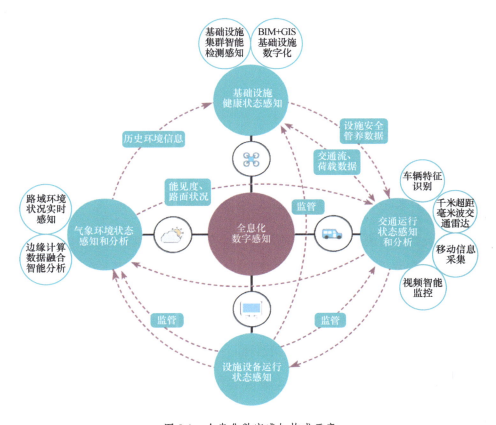

图 3.1　全息化数字感知构成示意

3. 气象环境状态感知和分析

通过设置全要素气象站、能见度检测仪及路面状况检测仪等设备感知高速公路沿线能见度、雨量、风速及路面状况等，实现高速公路沿线环境状态数据实时监测和多参数指标数据综合预警，完善高速公路交通气象预测预警体系。

4. 设施设备运行状态感知

通过各类设施设备监测模块，实现外场设施、机房设备等在线实时监测和自动巡视，准确掌握设施设备实际运行状况，便于维护人员及时、有针对性地进行控制、调整、维修、排除故障等，保障系统持续运行。

 ## 3.2 关键技术及装备

3.2.1 千米超距毫米波交通雷达设备

围绕智慧高速公路高质量落地，河北交通跨维升级雷达设备，在国内首次成功研发千米超距毫米波交通雷达，突破传统交通雷达在监测范围、扫描时间、监测精度及部署成本等方面的限制，整体技术达到国际先进水平，信号处理技术居国际领先水平，引领超距毫米波雷达在交通行业的应用，实现定制化雷视融合场景完美落地。

千米超距毫米波交通雷达主要安装在高速公路或城市道路路侧，如图 3.2 所示，基于毫米波波段探测道路环境中的交通目标信息，可全天时、全天候工作，是数字感知的核心传感器。该款交通雷达具备车型识别、流密度统计、事件智能识别等功能，可对车辆目标进行实时精准轨迹跟踪和速度检测，实现了车道级分辨能力，可用于支撑车道化主动控制、车路协同和交通管理等。目前，该款交通雷达已经在雄安新区对外骨干路网荣乌高速新线和京德高速公路一期路段全线应用。

图 3.2　千米超距毫米波交通雷达安装应用场景

千米超距毫米波交通雷达具有高频点、大带宽、高精度、连续覆盖、抗干扰等技术特点。

在覆盖范围方面，千米超距毫米波交通雷达探测距离范围不小于 1km，视角覆盖范围可达双向 10 个车道，检测目标速度范围为 0 ～ 216km/h，可实现大场景无盲区目标检测。

在目标检测方面，千米超距毫米波交通雷达实时输出各个目标的速度、位置、车辆类型等信息，目标单次扫描和处理时延低于 70ms，目标定位精度优于 0.5m，目标轨迹跟踪准确率大于等于 95%。通过多雷达组网，可以实现对同一目标唯一 ID 连续全域追踪。

在交通流检测方面，千米超距毫米波交通雷达涵盖传统微波车辆检测器功能，可以提供车速、车流量、车头时距、车型分类、道路占有率等多类信息，统计数据精度大于等于 95%。

在智能识别方面，千米超距毫米波交通雷达可以对异常停车、逆行、超速、拥堵等事件进行检测及识别，事件检测精度大于等于 95%。

3.2.2 千米超距毫米波交通雷达高精度增程及抗干扰技术

千米超距毫米波交通雷达有效解决了传统毫米波交通雷达远距探测威力不足、传感器融合复杂度高等问题。基于跨域相参积累的雷达增程关键技术，改进雷达波形，成倍提升雷达的累积增益，实现高精度增程。基于复杂频率编码波形设计，抑制复杂交通场景中的各类干扰，使同频传感器干扰引起的虚警率和误警率均为 0，在高精度探测基础上实现了抗干扰。千米超距毫米波交通雷达检测效果如图 3.3 所示。

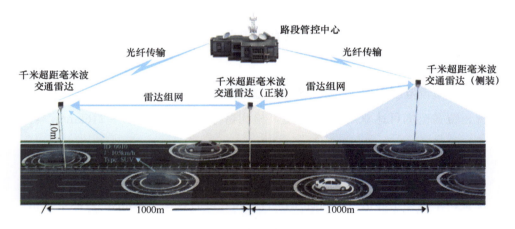

图 3.3　千米超距毫米波交通雷达检测效果示意

3.2.3 基于分布式组网雷达的全路段波束覆盖设计

针对高速公路直行路段、匝道进出口、枢纽立交、弯道等多种应用场景，以毫米波交通雷达特性为基础，对雷达组合布设，并评估布设效果，实现基于分布式组网雷达的全路段波束覆盖。结合实际安装条件，充分考虑建设成本及易实现性，利用已有门架、立杆、天桥等设施，在波束全覆盖的基础上，优化雷达组合布设方案，减少建设投资。

3.2.4　组网雷达目标唯一 ID 连续跟踪技术

毫米波交通雷达对目标在不同维度的特征变化感知灵敏，不同交通雷达输出各自探测范围内的目标轨迹。针对多交通雷达间实现连续不间断目标接力跟踪，千米超距毫米波交通雷达提出了基于组网雷达的多周期、多维度联合关联技术，可以快速实现探测覆盖区目标信息的关联配对，以及多交通雷达融合区域的目标关联，保证了关联的正确性和计算的实时性，提高了单点超距毫米波交通雷达对目标的稳定跟踪能力，同时保证了多交通雷达间的目标接力关联跟踪能力，实现了目标唯一 ID 连续追踪。

3.2.5　多源异构雷视融合组网技术

雷达实时检测目标车辆速度、位置、车道、ID 等信息，高清卡口摄像机采集车型、车牌号和车身颜色等信息，基于多源异构路侧传感器信息融合关键技术，通过时间配准和空间配准，实现全程目标在同一时间基准、同一坐标系下的定位，通过信息关联匹配完成多源异构信息高维融合。如图 3.4 所示为雷视融合效果，当车辆经过触发区域时，雷达和高清卡口摄像机实时上报目标信息，中心平台获取包含车牌和车型等信息的车辆精确位置，进行跟踪定位，实时再现道路交通状态、车辆行驶轨迹。

3.2.6　雷达与摄像机快速联动技术

毫米波交通雷达在发现异常交通事件时，将事件位置信息转换为坐标信息提供给路侧快速跟踪摄像机，摄像机自动旋转角度、调整焦距，实现自动跟踪、定位和确认，如图3.5所示。

图 3.4　雷视融合效果

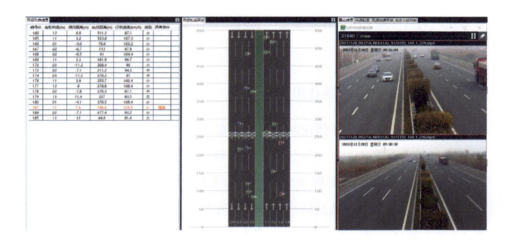

图 3.5　雷达与摄像机快速联动效果

第 4 章

车道化
主动控制

4.1 内涵与特征

车道化主动控制是指，在车道级层面对道路断面各车道的道路属性、交通流数据、气象数据等进行融合分析，实时判别各车道的交通状态和安全风险，预测未来演变，从而对常发性交通拥堵、安全风险及非常发性交通事件（含计划性事件和突发性事件）进行主动控制，通过动态调控各条车道的功能、速度、流量等，确保每条车道交通运行稳定、可靠，最大化地提升交通运行效率、保障车道行车安全的一种道路交通控制方式，如图 4.1 所示。

图 4.1 车道化主动控制示意

　　车道化主动控制与传统道路交通控制相比，能够最大限度地利用感知系统采集的交通运行数据和气象数据，分析同一断面不同车道车辆行驶情况与交通状态差异，实时评估所有车道的交通运行态势，对车道级交通运行协同控制，克服了传统道路交通控制仅在局部断面进行交通管控、无法精确考虑各车道运行差异的缺点。

　4.2　关键技术及装备

4.2.1　交通运行态势评估

　　高速公路交通运行态势评估采用微观交通流模型对路段交通流状态特征进行估计，对未被感知系统覆盖的路段交通流状态特征进行推算，其关键技术具体如下。

1. 基于高速公路多源大数据的交通流特征参数提取技术

　　针对高速公路车道级多源交通流数据，对冗余数据、缺失数据、异常数据及关键数据进行预处理；应用统计分析方法和交通动力学模型，实现基础数据汇集与共享，分析交通数据在特定场景下的时空变化特征。

2. 高速公路交通运行状态实时估计与交通事件判别技术

　　基于交通运行状态的演变规律，分析高速公路交通拥堵的形成机理与扩散规律，构建交通拥堵形成前的预判技术，辨识常态化交通拥堵影响范围；解析交通事件造成交通流波动的规律，综合考虑交通系统运行的特殊性和事件数据集合的倾斜性，实现交通事件自动检测。

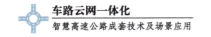
3. 基于动态决策推演的高速公路交通流预测技术

基于动态仿真的交通流实时运行高精度重构方法，实现对交通控制与应急策略的评估，以及对高速公路交通态势的在线预测和预警。对车辆行程时间历史数据、实时数据及仿真数据进行深度学习，以时间和空间为分析特征，预测交通控制与应急策略下的车辆行程时间。

4.2.2 交通事故风险预测

交通事故风险预测为实时路径规划、紧急救援等提供指导性、关键性信息，保证高速公路交通流平稳运行，降低高速公路交通事故风险，其关键技术具体如下。

1. 主线路段交通运行安全风险辨识技术

采集交通流信息、气象信息等多源实时数据，结合历史数据进行综合评估；基于统计分析和深度学习算法，构建适用于不同评估指标的安全风险模型，实现交通运行安全风险辨识。

2. 高速公路重点路段风险等级预测技术

针对高速公路分合流区、交织区、交通瓶颈区等重点路段，考虑处理交通事故数据频次的空间异质性，采用重采样技术平衡数据集；结合深度学习模型实时预测潜在交通事故风险，基于加权平均集成的组合预测模型，构建交通事故风险等级预测模型。

3. 高速公路严重交通事故预警技术

构建交通事故风险多级分类与决策树模型，基于交通事故严重程度预测算法，预估交通事故的严重程度；基于车路交互，对严重程度等级较高的交通事故进行风险预警，保障道路行车安全。

4.2.3　主动控制策略

1. 控制条件

1）交通流异常

基于车道级交通流统计数据，对交通态势进行评估，分析全线路段实时交通流状态。当某区域出现交通流紊乱、交通流量过大、各车道间平均速度差异过大或上下游道路平均速度差异过大等情况时，进行车道化主动控制。

2）路域环境异常

当雨、雪、雾、冰等气象条件异常，道路受损、结构损坏等基础设施健康状态异常，或者护栏损坏等交通设施异常时，根据道路运行环境异常程度，进行车道化主动控制。

3）交通事件发生

利用交通雷达、事件检测仪等对全线的交通事故、异常停车、抛洒物等事件进行检测，实时获取突发性交通事件的详细信息，车道化主动控制系统即时响应。掌握道路养护施工等计划性事件，基于事件发生时间、桩号及影响范围，车道化主动控制系统定时响应。

4）安全风险升高

以动态交通流数据、交通流异常、气象条件异常、交通事件发生为基础，基于交通安全风险预测，实现全路段实时道路交通安全风险等级的动态判别和未来交通安全风险的预测。对于当前交通安全风险过高和未来可能存在交通安全风险的区域，进行车道化主动控制，提升高速公路安全运营水平。

2．三级联动机制

面向通行效率、安全运营与应急管理，首创"组织—控制—协同"多策略协同联动耦合控制的层级架构，构建多目标协同联动控制机制，如图4.2所示，将单事件控制策略融入全线控制策略中，使全线形成统一协同的控制体系。

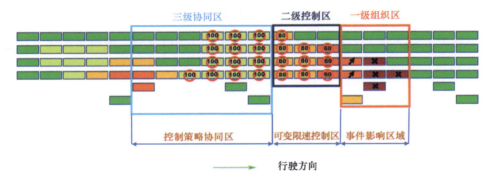

图 4.2 "组织—控制—协同"多策略协同联动耦合控制机制示意

1）一级组织区

在特定事件场景下，一级组织区根据相关规范标准确定事件影响区域内的交通组织方案。以事件类型、位置、等级等信息为基础，根据实际事件影响范围和相应交通组织规范，确定特定事件场景下的管控区域和交通组织方案，包括交通标志和物理设施的设置、车道开闭、换道诱导、限速值及事件信息发布。一级组织区的起点一般位于事件上游 500 ～ 1000m，终点一般位于事件下游 100 ～ 200m，具体长度根据实际事件影响范围、国家及行业标准规范等确定。

2）二级控制区

二级控制区针对特定交通组织方案，设置事件影响区域上游的分车道管控方案。根据实时交通流状态、道路通行能力和实时天气情况等条件，对道路交通运行效率和安全风险进行综合计算，形成动态交通管控方案。控制对象包括控制单元限速值、匝道流量控制率、车道功能控制、交通信息发布等综合控制方案。二级控制区以相邻两组可变信息标志之间的路段为一个控制单元（4km 以上为长单元，2 ～ 3km 为中等长度单元，1 ～ 2km 为细单元），将控制方案发布在各控制单元对应的可变信息标志上，二级控制区一般位于一级组织区上游，范围为 2 ～ 5km。

　　3）三级协同区

　　三级协同区在交通组织和管控方案的基础上，综合考虑全局各个事件在时间和空间上的影响，设置控制策略过渡变化、平滑衔接的区段，实施高速公路全线在时间维度和空间维度上的协同控制策略。在时间上，分车道信息标志显示的限速值以 10 ～ 20km/h 的变化幅度逐渐向目标限速值靠近。在空间上，道路限速自上游向下游平滑变化，避免限速值陡增或陡降的情况。其他协同策略还包括车道限制的空间协同、流量控制的时空协调和信息发布的优先级协同等。根据二级控制区内的限速值大小，三级协同区的范围为 2 ～ 6 个控制单元。

3. 关键控制技术

　　控制策略以可变限速控制、匝道协同控制、匝道主线协同控制，以及多策略协同控制与全线时空协同控制等关键控制技术为支撑，向出行人员发布交通状况、事故位置、交通管制、车道开闭、分车道限速等重要提示信息，实现对全线交通运行的科学管控。

　　1）可变限速控制技术

　　通过先进的交通流和环境特征参数自动检测技术，对交通环境特征做出实时反应，主动判别当前交通流运行状态，基于控制策略自动调整当前限速值，并通过信息实时发布技术发布给道路使用者。与传统静态限速方法相比，可变限速控制技术不依赖某个固定的限速值，而是利用动态限速值对交通流主动干预，改善交通流运行状态，减小车速离散，缓解交通拥堵，提升行车安全。

2）匝道协同控制技术

在匝道局部优化控制的基础上，以瓶颈处的流量最大为控制目标，结合历史交通流量及交通拥挤影响范围在协调区域实现多匝道内部协调控制。匝道协调控制主要以系统整体性能最优为目的，以系统总流量最大或系统车辆总的行程时间最短或总的延误最小为性能指标，将各入口匝道调节率作为控制变量，以通行能力为约束条件进行优化控制。

3）匝道主线协同控制技术

在瓶颈路段处综合考虑可变限速控制和匝道协同控制的联动控制。可变限速控制通过对合流瓶颈路段处上游行驶速度的限制，减少汇入合流瓶颈路段处的车流量；匝道协同控制采用匝道调节率对入口匝道上汇入主线的车辆数进行控制。两者联动可对瓶颈路段处的交通流量进行有效管控，同时避免通行权的不平衡问题，防止主线或匝道上车辆排队上溯。

4）多策略协同控制技术与全线时空协同控制技术

在多事件场景下，多策略协同控制技术根据事件优先级和事件限速等约束条件，对可变信息标志上的策略显示内容进行优化处理。全线时空协同控制技术在时间和空间两个维度设置动态限速调整阈值、相邻路段限速差阈值、相邻车道限速差阈值等约束条件，动态优化全线控制策略的发布内容。

4．事件场景

高速公路交通事件场景通常分为常态化交通流运行场景、道路常发性及计划性事件场景、道路突发事件场景三种类型。控制策略以事件场景为基本触发单元，针对每个在线事件形成相应的交通组织方案、分车道分级限速措施等，生成以事件场景为基础的分级控制策略。

1）常态化交通流运行场景

常态化交通流运行场景涵盖高速公路交通流正常运行过程中，由于不同车道或交通流内部的速度差异、不同车型占比变化、短时交通流量变化而产生的交通流波动情况。通过对交通流的调控，使道路达到稳定状态。具体场景包括上下游速度差异过大、分车道速度差异过大、交通流量较大、货车占比过高和特种车辆行驶等。

2）道路常发性及计划性事件场景

道路常发性及计划性事件场景涵盖因高速公路瓶颈路段、道路养护施工等因素造成的交通拥挤、堵塞等情况。该类事件的发生时间和地点明确，具有较显著的客观特征和计划性。具体场景包括道路养护施工及设备维修、单向交通中断、重点路段拥堵、连接线拥堵等。

3）道路突发事件场景

道路突发事件场景涵盖在高速公路范围内发生的，对高速公路正常运营具有较大影响、对生命财产和社会生活造成不利后果的突发性紧急事件。具体场景包括不良天气状况、交通事故及违法行为、危险品（化学品、放射性物质等）泄漏、交通中断、道路抛洒物及障碍物等。

 ## 4.3　工程应用

1. 智能监测预警平台

京德高速公路基于交通事故风险预测关键技术，构建智能监测预警平台（见图4.3）。这是国内首套面向主动管控的交通安全风险防控专用平台软件。该智能监测预警平台根据交通实时运行数据，识别交通事件、气象环境、交通态势、计划管制四大类风险源，预判各类风险的发生概率及风险等级；通过"运行监控、态势分析、风险预测、预警应对"四个功能版块，实现风险预警、路途提示和动态控制等的联动发布与协同管控，降低事故发生率，提高行车安全，支撑京德高速公路打造"交通安全风险智慧防控示范路"。

1）运行监控

运行监控功能版块宏观展示全线路况实时交通运行状态和设施设备运行状况；统计主线、收费站、服务区等不同维度的交通运行状态，评估道路状态、拥堵系数、服务水平等；监测全线各类设施设备在线、离线状态。

2）态势分析

态势分析功能版块从交通流量和车辆两个维度分析交通态势，显示不同区域的通行速度、通行效率、交通状态等信息，根据实时交通流、历史交通流、实时天气状态等因素预测未来交通量；统计不同类型车辆数量、重点路段车辆数量、重点车辆时空分布等数据，对通行车辆轨迹进行溯源。

3）风险预测

风险预测功能版块实时分析相邻车道速度差、区间同车道速度差、货车饱和度、异常车速等指标，预测短期交通事件风险值；统计当日所有交通事件及次生事件，统计显示周同比、日环比、高发路段、高发时间段等。

4）预警应对

预警应对功能版块实时显示路途提示、控制策略联动发布及协同管控情况；实时掌握各部门的应急响应状态，提高事件处理效率。

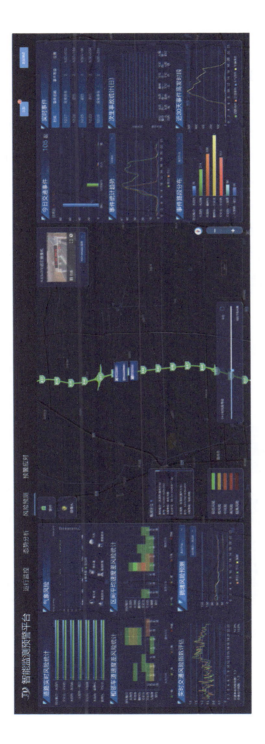

图 4.3　京德高速公路智能监测预警平台风险预测主界面

2. 车道化主动控制系统

荣乌高速新线车道化主动控制系统是车道化主动控制技术在全国范围内首次规模化、系统化应用。车道化主动控制系统实时评估交通运行态势，根据事件信息融合生成面向效率与安全的控制策略，实现分路段、分车道、分时段的主动交通管控。应用"组织—控制—协同"多策略协同联动耦合控制的层级架构，实现涵盖12类常发性场景及56类突发事件场景的多目标协同联动控制。车道化主动控制系统的控制范围覆盖全线73千米的100多套分车道可变信息标志、2000余个核心控制单元，是世界上控制单元数量最多、场景策略最丰富的高速公路主动控制系统。荣乌高速新线车道化主动控制系统主界面如图4.4所示。

图 4.4　荣乌高速新线车道化主动控制系统主界面

车道化主动控制系统基于交通运行状态、气象环境状态、货车通行状态对道路交通进行主动管控。

1）基于交通运行状态的主动管控

实时显示全线分车道可变信息标志、监控摄像机、交通雷达、全要素气象站、能见度检测仪等各类设施布设和采集信息；实时发布交通态势、断面交通流量、断面平均速度、道路时间占有率等；实时显示事件信息及事件响应的控制策略，包括事件名称、事件桩号、联动范围、策略内容等；道路监控视频同步联动。

2）基于气象环境状态的主动管控

实时显示千米级气象监测数据，采用不同颜色表示极高、较高、一般、较低、极低五种能见度等级，可视化呈现每个控制单元的能见度等级；道路监控视频同步联动。

3）基于货车通行状态的主动管控

实时接入各车道货车运输载货量数据；统计货车在不同车道、不同时段的载货量，研判货车通行状态，支撑实现货车分路段、分车道、分时段智能管控。

4.4　分级实施

车道化主动控制系统在实施过程中按照"一路一案、一段一标"的原则，分 ZD1、ZD2、ZD3、ZD4、ZD5 共 5 个等级应用实施。

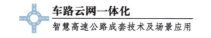

1. ZD1 等级：主线长单元初步实时管控

ZD1 等级主动控制系统实现粗颗粒度的主线控制，集成数据采集、数据处理、事件检测、策略生成、人机交互、策略发布、管控监测等功能，控制单元长度为 3 ～ 4km，实现包含交通流量较大、分车道速度差异过大、货车占比过高和特种车辆行驶等部分长路段常态化交通流运行场景策略，以及不良天气状况、交通事故及违法行为、交通中断等部分长路段道路突发事件场景策略的主线协调控制。ZD1 等级主动控制系统通过与路侧检测设备的信息交互，实时监控交通态势；通过与布设间距较大的门架式可变信息标志和悬臂式可变信息标志的实时交互，即时下发控制策略。

ZD1 等级主动控制系统初步实现智能识别、策略生成和长路段智慧控制。由于物理设施布设密度的限制，交通信息的灵活性、准确性，以及控制策略的效用性会受到影响，因此小范围的重特大交通事件仍须依靠临时物理标志和人工指引实现。

2. ZD2 等级：主线中等长度单元分车道实时管控

ZD2 等级主动控制系统实现中等颗粒度的主线智慧控制。控制单元长度为 2 ～ 3km，在 ZD1 等级基础上，实现更为精细的控制策略制定与发布。ZD2 等级主动控制系统初步实现枢纽、互通、长大下坡等重点路段交通态势监测评估，以及重点路段交通风险预测；初步实现包含上下游速度差异过大情况下的协调控制、交织区域控制、施工养护等场景的智慧控制，根据匝道控制设施的建设情况，选择是否增加匝道控制的信息提醒。

ZD2 等级主动控制系统实现对中等长度控制单元内各个车道的差异化、定制化实时管控，基本能够智能应对常态化高速公路运营场景下可能出现的交通流运行问题和大部分突发事件情况。但是，ZD2 等级主动控制系统对小影响范围的交通事件仍缺乏精准高效控制。

3. ZD3 等级：主线细单元综合协调智慧控制

ZD3 等级主动控制系统基本实现细颗粒度的数据收集、事件检测、策略生成和信息发布。控制单元长度为 1 ～ 2km，以分车道可变信息标志为载体，在 ZD2 等级基础上，针对施工养护、设备维修、单向断交等众多常发性、计划性事件场景和所有常态化交通事件场景，构建差异化的实时交通状态检测算法和实时控制策略生成算法，初步实现全路段交通态势监测评估与交通风险预测，实现根据实际交通运行状态和交通事件，快速生成保障通行安全、提高通行效率的限速方案。

ZD3 等级主动控制系统依靠高密度的分车道可变信息标志，实现对主线的全场景、高精度、高效率的综合协调智慧控制，但是对于匝道的控制仍然较薄弱。

4. ZD4 等级：响应各类事件的全线智慧高效管控

ZD4 等级主动控制系统在 ZD3 等级基础上，实现全线匝道与主线协同控制和初步的车路协同控制。ZD4 等级主动控制系统深入挖掘匝道汇入车流、驶出车流与主线车流之间的内在关联机理和相互作用机制，评估预测事件发展趋势与交通流态势演变，实现全路段实时、精确的交通态势监测评估与交通风险预测，以靶向管控为手段，以安全高效为目标，以优先级别为参照，构建策略优化算法，统筹协调主线与匝道控制策略，实现对各类事件融合的全线智慧高效管控。

5. ZD5 等级：精细化全方位智慧交通控制

ZD5 等级主动控制系统在 ZD4 等级基础上，完善车路协同环境下的信息传递与交互，利用车路协同环境下交通流的运行特征，基于微观驾驶行为理论、前沿交通状态分析方法，以及数据挖掘、深度学习、博弈论等技术方法，实现以车辆为单位的交通控制，基本脱离物理设施限制，高精度、高时效地智能识别、智慧决策、精准把控，进而实现精细化、全方位的智慧交通控制。

第 5 章

一体化
车路协同

5.1　内涵与特征

　　一体化车路协同是指，充分利用现有的数字化基础设施，基于数据融合、混合通信、机器学习等关键技术，通过人、车、路信息的动态实时交互，实现车辆与基础设施之间、车辆与车辆之间、车辆与人之间的智能协同和配合，开展车辆协同安全和道路协同控制，构建面向未来协同出行、协同管理、协同服务的全面协同系统。

　　当前，车和路的智能化发展水平参差不齐，信息触达用户的方式不尽相同，需要构建不同发展阶段的车路协同系统。车路协同的交互方式有两种：一种是对群体进行信息发布，另一种是对个体行为进行预警。通过路段管控中心、可变信息标志、RSU、OBU、App 等不同的组合，实现不同阶段信息与人 - 车 - 路之间的有效交互。

模式一：路段管控中心 + 可变信息标志 + 动态管控策略

　　当道路未设置 RSU 且车辆未装载 OBU 时，路段管控中心接收路侧感知数据，生成动态管控策略，利用外场可变信息标志发布交通管控、安全提示信息，司驾人员根据获得的信息调整驾驶行为。

模式二：路段管控中心 + App + 动态管控策略

　　当道路未设置 RSU 且车辆未装载 OBU 时，路段管控中心接收路侧感知数据和审核后的第三方 App 数据，生成动态管控策略，利用公众导航 App 或外场可变信息标志进行发布，司驾人员根据获得的信息调整驾驶行为。

模式三：路段管控中心 +（RSU + OBU）+ 动态管控策略

当道路设置 RSU，并且车辆装载 OBU 时，RSU 与网络连接，实时接收来自 OBU 或其他路侧单元的信息，并经快速分析计算后，将满足需求的动态控制信息发送给车辆和其他路侧单元，精准、高效地进行车 – 路信息交互。

模式四：路段智慧管控中心 + 智能网联车

自动驾驶发展到一定阶段后，通过路段智慧管控中心与智能网联车的实时交互实现车路协同。道路运行环境发生变化后，通过多辆智能网联车或者路侧设备的协同分析共同决策感知信息；获得感知信息后，智能网联车结合自身、其他车辆、区域交通流情况，协同优化后形成新的群体协同决策与控制策略。

5.2 　关键技术及装备

5.2.1 　路侧单元（RSU）

路侧单元（RSU）是车路协同系统的路侧基础设备，是安装在道路两侧或上方的通信功能实体。路侧单元收集并处理交通传感器检测到的交通流量、交通事件等各类信息，完成资源调度、通信处理、组网和数据中转，为人 – 车 – 路提供全天候、全要素服务。

5.2.2 　车载单元（OBU）

车载单元（OBU）是车路协同系统车载端的基础设备，具备信息采集、信息处理、信息输入和输出功能，内置无线通信模块，是用于 V2X 的功能实体。车载单元收集各类车载传感器采集、处理后的信息（如定位、运动等）发送给其他车载单元；接收来自其他车载单元、路侧单元的信息；对接收到的信息和收集到的本车传感器信息进行处理，做出安全预警判断和车辆行驶建议，以合适的交互方式向驾驶人提供信息，或者向车辆控制单元发出路径引导信息。具备网联功能的车载端对外通过蜂窝网络、短距离通信、车－车／车－路通信协议与互联网、车际网建立连接，进行数据交换；对内与汽车总线及电子电气系统进行信息采集和指令下发。

5.2.3 可复用车载单元

可复用车载单元是指，在现有 ETC 收费、定位等功能基础上，扩展信息服务、车路协同安全等功能，实现车载单元的多功能复用，支持移动蜂窝通信网络，支持 C-V2X 通信协议，具备 PC5 接口，支持北斗定位、RTK 定位，可与信息发布终端有效连接，可与汽车总线连接，可实现车辆到云端的信息传输，保障交通信号灯、交通标志、停车位置、车辆状态等海量信息及时传递，以实现 V2I 场景中的车速引导、限速预警、拥堵提醒等应用，为辅助驾驶、自动驾驶提供服务。

5.2.4 智能共享门架

1. 智能共享门架 1.0

智能共享门架 1.0 从根本上解决了智能设施、传统机电设施、交通安全设施之间互相干扰的问题，将多种设备同址设置、共架安装，减少了单独设置的门架数量，避免了多处基础开挖造成的浪费及对边坡造成的破坏，以共享为载体，实现集约建设，节省投资，绿色环保。智能共享门架 1.0 如图 5.1 所示。智能共享门架将动态交通诱导信息与固定式静态地理信息相融合，实现精准引导，减少拥堵，提高通行能力。

图 5.1 智能共享门架 1.0

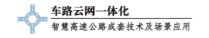
2. 智能共享门架 2.0

智能共享门架 2.0 在智能共享门架 1.0 基础上匠心制造，从内涵、结构和功能方面完善升级，如图 5.2 所示。从内涵来看，智能共享门架 2.0 采用简单的几何图形，形似骏马，赋予一马当先、万马奔腾、跨越发展的寓意，体现了高速公路建设过程中拼搏向上的雄安精神；从结构来看，智能共享门架 2.0 采用装配式钢结构设计，上部横梁两侧立面采用马赛克冲孔扣板，减小风阻，丰富立面形式，增强美感，彰显匠心与品质的恢宏气韵；从功能来看，智能共享门架 2.0 集约设置交通雷达、卡口摄像机、分车道 LED 信息屏、标志标牌、智能控制箱、路侧单元等，并预留了未来加装 5G 设备等的位置，以实现"一架多用"。智能共享门架 2.0 实现了智慧与设施结合、智慧与景观结合，使土木工程艺术化，助力高速公路高质量发展。

3. 虚拟可变信息标志

虚拟可变信息标志是数字孪生、App 终端中的非实体信息载体。它可以实现与实体可变信息标志同等效果的信息发布功能，大大节约现场实体可变信息标志的设置，便捷实现千米级分车道主动控制。

面向管理者，在数字孪生世界中，按需设置虚拟可变信息标志在高速公路上的位置，根据动态交通流数据、交通流异常、环境异常、交通事件等信息，进行主动交通管控决策分析。

面向公众，依托 App，将分车道信息标志的功能复刻到导航地图，提供分车道管控信息、诱导信息和预警提示信息，丰富信息发布途径，完善"指尖出行"。

摄影：李凌宇

图 5.2　智能共享门架 2.0

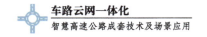

5.2.5 车基反馈技术

车基反馈直接提取智能网联车辆的反馈数据，将车辆对道路的直接感受与道路全量信息的感知相结合，甄别车辆急转弯、紧急制动等异常驾驶行为，分析判别路面摩擦阻力，辅助道路系统进行协同管理、决策和控制。车端的感受直接反映的是路面、环境、事件状态数据等，例如，雨刷速度关联降雨量，车辆的加速、减速反映路面摩擦阻力。通过车感受、路感知，可以促进车路相互协同发展。

5.2.6 车道级驾驶引导

车道级驾驶引导基于全息化数字感知数据、互联网共享数据与第三方平台地图浮动车辆数据的融合、分析、决策，将交通事件、行驶车道动态限速控制、V2V 事件触发、车道级方向导引等服务，以视觉呈现和语音播报方式告知驾驶员，提升车辆驾乘安全和效率，增强智慧出行体验。

车道级驾驶引导是车路协同落地的新形式。其基于地图信息发布的自由性，有效扩展了交通服务受众群体，提升了交通管控效率和精准性。

第 6 章

网联化
交通管理

6.1 内涵与特征

网联化交通管理涵盖基于 BIM+GIS 的全寿命静态资产管理和基于云控技术的动态交通管理。面向道路管理，网联化交通管理提供决策分析能力；面向智能网联车辆，网联化交通管理提供协同计算平台；面向业务管理，网联化交通管理通过集约坐席联动控制，提高管理效率。

全寿命静态资产管理关注交通基础设施状态等静态数据，推动高速公路交通基础设施在规划、设计、建造、养护、运行管理等各阶段的全要素、全周期数字化，实现施工要素和过程管理信息化、风险管控精细化、基础设施安全监测智能化、全寿命周期养护决策科学化。

动态交通管理关注交通运行状态和环境状态等动态数据，基于车联网技术，打造高速智慧化管控系统基础底座——云控基础平台，满足技术革新、海量计算、安全可靠的要求，打通感知、协同、管理、控制、服务五大系统数据链路，从宏观层面把握实时数据，掌控交通整体情况。智慧高速公路以云控基础平台为基础，近期可实现路段智慧管理，远期可实现路网智慧联控，最终打通基于云控技术的城市内外交通协同管理。

6.2　关键技术及装备

6.2.1　云控基础平台技术

云控基础平台是国家发展改革委等 11 部委联合印发的《智能汽车创新发展战略》中的五大基础性平台之一。云控基础平台由边缘云、区域云、中心云三级云控基础平台组成，形成逻辑协同、物理分散的云计算中心。云控基础平台会对车辆和道路交通动态信息、地图数据、交通管理信息、气象条件和定位信息等反映物理世界的相关数据进行综合处理，形成数字孪生模型，支撑不同时延要求下的应用需求。在云控基础平台之上建设的应用平台，可以面向智能网联汽车实现车辆行驶性能提升与运营全链路精细化管理。

以云控基础平台为基础，通过部署车路云网协同式的基础设施体系，基于低时延、高可靠、并行海量计算的云控基础平台软件，实现跨类型车辆、跨领域设备、跨平台数据之间的信息高效协同，支撑面向全路段、全区域的集中式决策与多目标优化控制，在实现道路管理功能的同时，预留车辆向智能网联和云控自动驾驶发展的空间，为智能网联驾驶、智慧交通乃至智慧城市的建设发展提供基础支撑。

基于云控基础平台，整合外场硬件和高速信息系统数据，通过智能高速引擎和交通视觉计算，有效地在高速交通态势分析、事件闭环处置、公众信息服务诱导及未来逃费稽查等高速应用场景实现智慧云控。

1. 云控基础数据标准化互联互通

实现数据格式、通信协议和应用语义的标准化，具有 PB 级数据处理能

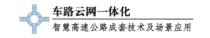
力，实现不同车辆、移动终端、信号终端、感知终端，以及包括交通、公安、救援、气象等不同平台体系与云控基础平台在数据交换、存储、计算处理方面的标准化高性能互联。

2. 基于四维时空的大数据计算

具备数据输入控制（去伪、防篡改、可溯源等）功能，结合高精度地图及定位，实现基于大数据计算及多级智能化分析（置信度管理、多源信息融合等）的交通全要素协同感知与决策规划，实时采集、处理和发布符合不同精度和时延需求的数据结果。

3. 网联式协同驾驶

采用"云－网－路－车"四级体系，结合移动边缘计算技术，具备支持高速特种车辆和社会车辆的"服务即插即用"，以及应用运行智能动态调度能力，满足智能网联驾驶协同感知、决策与控制的超低时延、高可靠、高安全要求，为各种车辆提供云控协同驾驶服务。

6.2.2 管理系统架构

面向未来，以云控基础平台为支撑，构建车路云网一体化管理系统，其架构如图 6.1 所示。用平台化、服务化思路，对应用支撑进行构思，打造以管理为核心、以数据为驱动的智能应用平台，提供智慧管理决策、动态交通管控、精细交通服务、车路协同与自动驾驶体验等管理与服务应用，全面提升高速公路运营管理水平。

快速响应、超低时延的云控基础平台是车路云网一体化管理系统的"神经中枢"，将高速公路所有参与车辆、路侧相关管控设备的数据高效、无缝地连接起来，提供互联互通、融合感知、决策控制、数据分析、监控

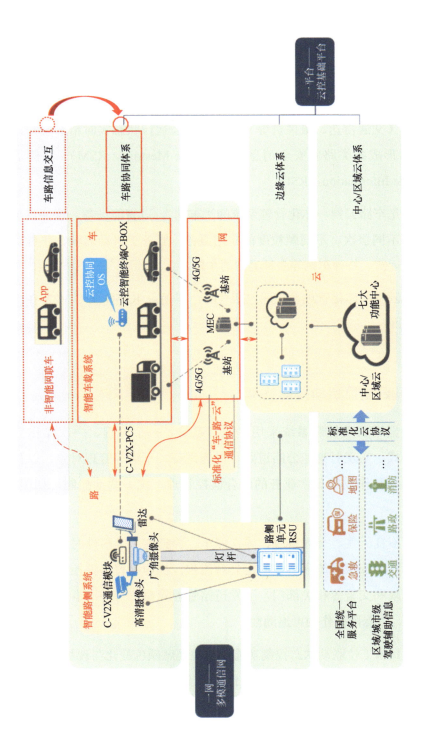

图 6.1　车路云网一体化管理系统架构

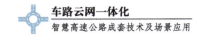

管理、服务发布和运营管理的能力。根据所处理的功能不同，云控基础平台可分为后台支持域、中台业务管控域和前台响应展示域。

路端是车路云网一体化管理系统的"千里眼、顺风耳"，通过路侧高精度传感器（交通雷达、摄像机等）对路段交通运行状态实时精准感知，数据融合后形成各类路侧安全消息（Road Side Message，RSM）/路侧信息（Road Side Information，RSI）。

车端是车路云网一体化管理系统的"末梢"，以智能设备、软件甚至服务送达等不同层次、不同颗粒度的应用服务，服务于自动驾驶、非自动驾驶、公众运营、特种车辆等多种类型的车辆。

车路云网一体化管理系统还包括一网，即涵盖 4G/5G 及 C-V2X 在内的多模通信网。

6.2.3 集约坐席联动控制技术

集约坐席联动控制系统采用"一套系统、一个流程、一次操作"的集约化模式，实现对高速公路道路、设施设备、车辆等管理对象，以及运营管理、养护作业等日常业务的综合监控管理、统一联动控制，如图 6.2 所示。

当有不良天气、交通事故、异常停车、养护施工等事件时，集约坐席联动控制系统依照系统内事件既定处理流程，快速配置事件控制策略，快捷联动路政和交警等相关部门，下发道路管控策略。另外，事件处置过程备案留痕，以保障操作的可追溯性。

系统具备工位联动状态控制功能，工位坐席颜色变化与现场事件等级、控制策略等级、事件等级变化、操作流程变化等实时管控状态同步联动，形成线上线下联动处置，直观展示坐席处理事件过程，提高事件处理效率。

摄影：李凌宇

图 6.2　集约化坐席动联控制系统

6.2.4　兼具时空特性的虚实映射技术

虚实映射通过 GIS+BIM 或高精度地图搭建智慧高速公路数字孪生模型，与交通流、环境、事件、设备、视频等实时感知数据，以及发布的交通动态管控策略等信息交互联动，构建高速公路全域、全要素在虚拟空间的高精度实时数字映射，实现虚拟空间与物理空间的深度交互融合，达到数字世界与物理世界的实时互动。

基于 Unity3D 游戏引擎和"一网两轴"特征开发的时空态势映射数字孪生毫秒级响应技术，以空间轴实时映射高速公路交通运行状态、事件信息和气象状况，以时间轴实现历史信息可回溯、实时信息可追踪、未来状态可预测，面向信息资源共享整合，实现各业务部门间高效、便捷协作。

6.2.5　全寿命数字资产管理技术

全寿命数字资产管理以 BIM+GIS 为信息载体，将工程实体建设运维全过程、全要素信息映射到 BIM 中，对照高速公路物理实体建设，同步生成"数字高速"，形成高速公路数字资产。对每一项工程构件设置唯一编码标识，将建造、养护全过程数据与之绑定，通过信息可视、流程透明、动作标准的管理平台，实现规划、设计、建造、养护、运维的全过程、全要素多源数据时空集成和互联共享，支撑高质量品质工程、平安工程建设，降低成本，高速推进施工建设，实现养护科学决策分析。

6.3 工程应用

6.3.1 精准映射的数字孪生

基于兼具交通流时空特性的虚实映射技术，荣乌高速新线全线部署车路云网一体化高速公路数字孪生系统，如图 6.3 所示，实现高速公路全域、全要素在虚拟空间的高精度实时数字映射，以"一网、两轴、一控制"功能实现宏观、中观、微观交通管理，为管理人员动态实时呈现高速公路总体路况、运营道路事件及全流程、全过程管控效果，实现交通管理的可测、可控、可观。

"一网"是雷达组网车辆跟踪。采用自主研发的千米超距毫米波交通雷达，以及多源异构雷视融合组网技术，全面掌控高速公路全时段、全路段、全环境交通流态势，实现对重点车辆的唯一 ID 跟踪，为精准追逃和高效应急处置等提供有力支撑。

"两轴"是空间轴和时间轴。通过空间轴实时映射高速公路交通运行状态、事件信息和气象状况；利用自动巡航功能，实现分钟级无现场全线巡查。通过时间轴实现历史信息可回溯、实时信息可追踪、未来状态可预测。

"一控制"是指与分车道交通管控应用联动。道路管控信息实时传输给数字孪生系统界面，快速呈现交通管控现状及管控效果。

图 6.3 荥乌高速新线数字孪生系统

6.3.2　建管养全过程资产管理平台

集成 BIM、GIS、大数据、物联网等先进信息技术，京德高速公路建成涵盖高速公路建设、养护全寿命周期资产管理平台，如图 6.4 所示，实现全路段、大场景、高精度的基础设施数字化，完成工程进度、质量、计量、安全等 28 项 52 类全过程数据集成管理，为京德高速公路运营期科学决策提供数据支持。

图 6.4　京德高速公路全寿命周期资产管理平台

1．建设管理系统

通过智能感知、在线分析、实时控制，实现对项目建设质量、投资、安全、进度、环保等全过程、全方位的实时动态管控，并形成可移交的数字化成果，全面提高建设管理信息化、精细化、智能化水平。

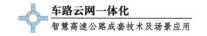

2. 资产管理系统

建立基础设施资产管理台账，打通建设、养护与运维的数据通道，形成完整的数据链，统筹高速公路基础设施、路域环境、通行状态、车路协同等数据，为高速公路全寿命周期资产管理提供数据支撑。

3. 养护管理系统

基于建设期移交的数字化成果，融合车道级的荷载数据与路域环境数据，持续为运营期管理提供服务，支撑运营期高速公路基础设施路况检测、性能评价、状态监测、养护决策等业务。

第 7 章

智慧化
综合服务

7.1 内涵与特征

智慧化综合服务以服务于高速公路管理者、普通出行者和特定群体的需求为导向，进一步推动信息化、智能化与业务深度融合，优化业务流程。针对不同的交通运行状态、气象环境、道路条件，依托五星架构，基于全息化数字感知、主动控制、综合诱导、车路交互、信息服务等技术，建成服务于人民群众的智慧化交通系统，涵盖全旅程路图融合出行、准全天候通行、车路协同等服务场景，为智慧公路相关方提供全方位、一体化、高标准的交通服务，实现高速公路管理高效性及出行时间高可靠性，提升管理者的成就感及出行者的获得感。

1. 面向管理者的人性化服务

1）操作工位集约化

操作工位实现"分控工位、水平决策、随需配显"。监控显示屏由传统"单人单控单显"调整为"单人多控多显"或"单人多控集显"。

2）操作界面人性化

监控显示屏采用符合人体工学的弧面屏设计，使管理者查看与操作更加舒适、高效。操作界面功能模块清晰、界面集约、操作简便，实现能监能控。

3）操作功能全面化

操作便捷明确，功能全面集中；建立功能需求总库，全面响应管理者的需求，满足管理者对于"车－路－环境"的全面感知需求，实现科学高效的系统管理。

2．面向公众的全过程服务

通过 App、微信公众号、广播等多元信息发布平台，实现随时随需知情的用户体验。对外提供交通信息服务所需的数据分析功能，基于分析结果为公众提供路况信息、路径诱导信息、路网交通资源服务信息。

1）在家

获取包含文字和图像在内的道路信息，信息内容涵盖道路行驶环境、道路交通态势、关注路径的饱和度及排队长度、路径选择建议等，提升高速公路的服务水平。

2）在途

获取沿途高速服务信息，包括服务区的停车位数量、厕位数量、汽油品类、餐饮服务特色等；全面掌握所行驶路段和即将行驶路段的路况、气象条件、拥堵情况、周围车辆数量、旅行时间、当前车道限速值等信息，实现在不良天气、交通拥堵、养护施工等场景下的安全高效通行。

3）统一出口给数据，单一入口取服务

服务的索取入口与数据的发布出口采用统一数据，保证信息的单一性和准确性。

4）互通共享

以已有信息采集设备及互联网交通信息数据为基础，通过云控基础平台与互联网公司进行数据共享，实现出行信息实时发布，为道路管理方的第三方增值服务提供数据来源与支持。

3．面向特定用户的定制服务

1）重点车辆服务

以"两客一危"车辆、大件运输车辆、超温车辆、超速车辆的安全运

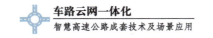

营管理为目标，通过图像识别、模式识别等方式识别车辆的运营信息、实时位置信息、视频信息、行驶信息等，辨识驾驶员的危险驾驶行为，采取有效管理措施，保障高速公路安全运营。

2）养护施工车辆服务

正在作业的养护施工车辆有在固定时段沿施工路段慢速行驶或停车的需求，道路管理方基于养护施工车辆的实时位置信息，在上游区域动态发布施工信息，提醒后方车辆减速及换道避让，保障人员和财产安全。

3）救援车辆服务

执行紧急任务的救援车辆对通行速度和通行效率有较高的要求，道路管理方对救援车辆实时精确定位，通过路侧可变信息标志等发布渠道，提醒前方车辆主动变道避让，为后方救援车辆提供专用车道的行驶条件。

4）队列行驶车辆服务

进行队列行驶的车辆搭载了先进的车载传感器、控制器、执行器等装置，具备环境感知、智能化信息交互、决策与控制功能；同时，道路管理方提供低时延、高可靠的车路交互服务，队列行驶车辆在保证安全的情况下保持较小车距的高速编队形式，提高运输安全水平和效率。

🌀 7.2 典型服务场景

7.2.1 全旅程路图融合出行服务

全旅程路图融合出行服务基于多元交通信息数据，利用高速公路动态控制信息与导航地图叠加，实现公路基础设施状态、服务设施状态、出行规划、交通运行状态、交通突发事件、公路施工养护、公路气象环境、应急救援、安全辅助驾驶等信息在移动 App、车路协同设施、广播、可变信息标志的发布，提升交通信息发布的覆盖面和及时性，为用户提供基于位置的出行全旅程信息服务，满足出行者大众化、普适性的服务需求。结合公众出行的各种信息需求，事先互动，获取出行者的信息偏好，以出行者为中心对发布的信息进行筛选，锁定有效信息，为出行者提供连续性告知、强时序导航、个性化定制的综合信息服务。

7.2.2　准全天候通行服务

准全天候通行服务利用交通流检测器、交通事件检测器、路面状态检测器、气象传感器、网络高清摄像机等路侧检测设备采集交通信息，结合气象部门共享数据、车辆上报轨迹信息等多源信息，实现对交通运行状态、道路特征、气象环境的全面感知，通过车道级管控、车路协同预警、安全辅助及通行引导等措施，采用主动式融雪化冰路面或自动喷淋等技术，为高速公路提供"千米级预报，分钟级预警"气象服务，为制定交通应急措施提供精细支撑，保障车辆在恶劣天气、不良光线下，以及复杂路段中的安全行驶。

第 8 章

测试验证
与评估

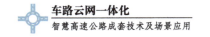 8.1　测试目的

　　智慧高速公路发展是一个动态持续、更新换代的过程。感知、控制、协同、管理和服务等各类相关技术的应用需要一个不断探索、验证和优化的过程，需要针对系统、技术、功能、指标等进行先期测试、验证、评估，支撑高速公路的落地实施、场景实现和产业形成。

　　测试验证是智慧高速公路建设的重要一环，也是车路云网一体化高速公路解决方案的重要支撑。其目的是：支撑研发突破，重构设计流程，破解落地难题；构建评测机制，形成系列标准，推动产业发展。

8.2　测试体系

8.2.1　测试场建设

　　按照"引进吸收、自主创新、测试验证、落地部署"四步走部署，构建新元车路云网多环境分布式智慧交通测试场。该测试场由新元高速公路测试段、延崇高速山区车路协同测试段、雄安新区对外路网测试道路，以及半封闭测试场、半开放城市测试道路等组成。

　　该测试场一期工程为新元高速公路测试段，位于新元高速公路正定高新区互通至石家庄机场互通之间，如图 8.1 所示。新元高速公路测试场全长

5km，是石家庄市区到正定国际机场的主要通道。2019 年 7 月底，其具备了测试条件，是国内首条高速公路环境中欧双标车路协同测试路段。

图 8.1　新元高速公路测试段位置示意

目前，新元高速公路测试段已部署安装门架式分车道可变信息标志、常规交通雷达、超距毫米波交通雷达、欧洲标准路侧单元、国际标准路侧单元、摄像机、边缘计算单元、气象检测系统等外场设备 200 余套，建立了远程控制中心（石家庄），形成了一套全息化、全要素数字交通感知测试验证体系，一套分路段、分车道、分时段主动控制验证体系，一套低时延、高可靠、海量计算的云控基础平台验证体系，满足智慧交通相关关键技术、软硬件产品的性能和功能测试要求。目前，新元高速公路测试段已累计开展超距毫米波交通雷达、主动控制策略、车路协同、车路云网一体化管控平台等测试 800 余次、近 5000km 的测试验证。

近期，河北省将在新元高速公路测试段的基础上，依托延崇高速公路、

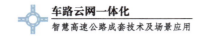

荣乌高速新线、京德高速公路等 300km 的多环境测试道路，打造测试规程科学、测试内容全面、测试指标先进、测试场景完善的开放式新一代智慧交通测试体系。

8.2.2 测试体验平台

　　智慧高速移动测试体验平台由一辆中巴测试车和两辆越野车组成，如图 8.2 所示，可进行车－车、车－路、车－云间信息传输测试，完成相关软硬件设备的匹配性研究。该平台既是智慧交通系统相关测试验证平台，保证智慧高速公路解决方案的各种关键技术、软硬件性能和功能的测试验证；又是面向未来智慧高速公路建设、管理和运营的移动式中枢指挥平台，完成智慧高速融合感知、主动控制、车路协同、管理、服务五大系统应用的展示（见图 8.3），未来一辆车就可能管理一条或者多条高速公路，为智慧高速公路区域级路网管控中心提供一个初步的解决方案验证平台。

图 8.2　智慧高速移动测试体验平台

图 8.3　智慧高速移动测试体验平台管控界面

8.3　测试内容

感知系统、主动控制、车路协同、车基反馈、云控基础平台等多项设备与技术，均在新元高速公路测试段经过长时间的测试与验证。

8.3.1　感知系统测试

（1）对比测试主流交通雷达（200m、500m 和 1000m 毫米波交通雷达）、车辆检测器（微波和视频车辆检测器）和交通量调查站（激光交通雷达 + 视频检测、微波 + 超声波）3 类 20 余种交通量检测设备。

（2）验证适用于高速公路毫秒级实时采集通行车辆高精度定位信息、高精度速度信息的感知产品。

（3）超距毫米波交通雷达性能测试，达到全天候、全时段纵向检测范围不小于 1km、横向检测范围不小于 50m；连续布设交通雷达进行组网后，实现唯一 ID 连续跟踪，使弯道车道的识别率及 ID 唯一概率不降低。

8.3.2　主动控制验证

（1）验证高速公路一级组织区（车道封闭情况、安全行驶速度、交通通行规则等）、二级控制区（可变限速控制、车道功能控制、交通流量控制、预警信息发布等）、三级协同区（速度、流量、车道功能等）的分层控制架构体系，确保全线交通运行平稳、有序、连贯。

（2）针对高速公路常发性场景和突发事件，通过模拟仿真和现场实际相结合，验证融合多场景、多策略的车道级动态控制策略，实现不同路段、不同车道、不同时段、不同天气和不同事件的车道级信息发布。

（3）验证控制策略调整频次，以 30s 为单位保证平滑调整速度和车道。

8.3.3　车路协同测试

（1）通过车路协同子系统中车载智能单元、路侧智能基站等基础设施的建立，提供低时延数据交互、动态风险监测与预警、个性化智能出行服务、实时交通流分析服务等。

（2）通过模拟、与平台对接和现场测试，实现国内标准的 2 类（安全、效率）、13 项应用场景和欧洲标准的 30 余项场景。

（3）对比测试欧洲、国内，以及自主研发的车路协同设备。

8.3.4　车基反馈技术验证

（1）通过为期 2 年的车辆状态（缓慢加速、中度加速、紧急加速、缓慢减速、中度减速、紧急减速）、路面状态（光滑路面、潮湿路面、雨雪天气路面）、不同性质路面（混凝土、水泥）等的对比测试，验证速度阈值减小干扰因子，测算相对准确的路面摩擦系数。

（2）基于智能网联车，将车辆的感知数据与道路的状态评估相结合，辅助管理、决策和控制。通过车感受、路感知，实现车路相互协同的发展新阶段。

（3）探索智能网联车反馈的路面湿滑、结冰等实时数据在交通安全运营中的应用。

8.3.5　系统协议和接入测试

（1）测试各系统间的数据交互协议，满足闭路监视设备（摄像机）、信息采集设备（交通雷达、车辆检测器、气象检测器等）、信息发布设备（可变信息标志）、中心控制设备（服务器）、存储设备（磁盘存储阵列）和事件分析设备（视频交通事件检测器）等主流厂家、不同型号设备的接入需求。

（2）测试云控基础平台功能模块，满足互联互通、融合感知、数据分析、决策控制、综合管理、信息发布、货车等重点车辆实时监管、坐席管理等功能。

8.4 远期谋划

1．建设多环境分布式测试场，打造测试验证体系

依托河北省内和沿海地区，以及新疆、广西和东北地区高速公路完成测试场升级，建设不同交通条件和气候环境的分布式测试场，以差异化建设实现功能互补，避免功能重叠和资源浪费。新元高速公路打造以机场为特色、准全天候通行的值机环境场景；延崇高速公路打造严寒气候、桥隧相连、高落差的测试场景；沿海高速公路打造海洋性气候、高腐蚀环境的测试场景；新疆打造特大风雪天气、昼夜温差大的测试场景。基于此，构建了具有我国典型地形和气候特征的智慧交通测试场，可以满足全方位测试需求。

2．构建虚实结合的测试环境，提高测试验证能力

限于智慧交通相关法律法规和政策，考虑到公共道路测试带来的安全隐患问题，封闭场地测试和仿真测试仍是智慧交通测试的主要手段。

针对主动控制、车路协同、智能网联与自动驾驶等关键技术，构建完善的封闭测试场地和仿真测试平台，并与实地测试相结合，可以提高测试验证能力。

3．建立标准化测试程序，推动各测试场测试结果互认

我国暂未形成完善的测试评价体系和标准规范。未来，我国应在尽快制定智能交通等级标准的基础上，编制系统化的智能交通测试评价体系和

标准规范；以基本免测项和特殊增测项相结合的方式，促进各测试场测试结果互认，实现测试数据协同和共享。

4. 完善智能交通测试场景数据库，提升测试评估全面性

我国气候类型、地理环境、交通环境复杂多样，因此，有必要基于典型道路交通场景、事故场景的系统分析，建立包含我国典型道路特征、环境特征、交通特征的测试场景数据库，用于测试道路、测试场景的设计和构建。

5. 加强网络信息安全能力，保障车联网体系安全可靠

信息安全作为支撑智能化道路体系安全的基石，其应用于体系的各个环节。信息安全不是一种功能，而是一种防护手段。信息安全的攻击和防护手段是动态博弈的过程，攻击者和防守者都会考虑各自的投入产出比，使其处于一种动态的平衡中。因此，如何用合理的投入来应对不断变化的信息安全形势是未来研究的重要方向。

依据不同的威胁对象，道路基础设施信息安全体系构建可以从物理安全防护、数据安全防护、通信安全防护和平台安全防护等方面展开。信息安全防护应综合身份认证、数字签名、密钥管理、威胁建模等技术，共同构筑安全保障层。未来，随着技术不断发展进步，信息安全的重要性将越来越高，信息安全标准也将不断提升。

第 9 章

智慧高速公路
建设实践

9.1　工程概况

河北省是新一代国家交通控制网和智慧公路首批 9 个试点地区之一。雄安新区成为我国首批 13 个"交通强国"建设试点地区之一，这为智慧高速河北实践打下了坚实基础。《河北雄安新区规划纲要》提出，构建"四纵三横"区域高速公路网。其中，"四纵"为京港澳高速、大广高速、京雄高速（含新机场北线高速支线）、新机场至德州高速；"三横"为荣乌高速新线、津雄高速、津石高速，实现雄安新区 60 分钟到北京、天津，90 分钟到石家庄。

2018 年以来，河北省实施延崇高速、京雄高速、荣乌高速新线、京德高速四条智慧高速公路建设，里程共 320km，具备平原、山区、高寒高海拔等多种地貌特征，涵盖四车道、六车道、八车道等多车道布局，具有广泛性、代表性、多样性。目前，四条智慧高速公路均已通车，建成了可复制、可推广的智慧高速公路示范路。本书以荣乌高速新线、京德高速为例，介绍智慧高速公路在河北省内的落地情况。

荣乌高速新线是雄安新区"四纵三横"区域高速公路网的"横一"，是国家高速公路网 G18 的重要组成部分。荣乌高速新线一期工程为京台高速至京港澳高速段，全长约 72.8km，采用双向八车道高速公路标准建设，于 2021 年 5 月 29 日建成通车。

京德高速是雄安新区"四纵三横"区域高速公路网的"纵四"，是雄安新区东部的一条南北交通要道。京德高速一期工程为京冀界至津石高速段，全长约 87.2km，采用双向六车道高速公路标准建设，于 2021 年 5 月 29 日建成通车。

荣乌高速新线、京德高速两条智慧高速公路以车路云网一体化智慧高速公路解决方案为基础，结合路段特征和功能定位，以需设景、以景定案，因地制宜、因路制宜、因时制宜，建成了具有自身特色的智慧高速公路示范路。

9.2　建设原则

1. 以需设景，以景定案

以高速公路需求出发，设置高速公路应用场景；以应用场景寻求先进、适用的技术，经测试验证后集成为总体技术方案。

2. 顶层设计，分层部署

按照"一揽子"解决问题的要求，全面、系统地规划设计智慧高速建设体系，提出总体思路和目标要求，合理安排建设时序，分阶段进行系统升级。

3. 资源整合，信息共享

科学规划和整合高速公路相关信息资源，形成统一平台，打破信息孤岛和资源分割局面，统筹为管理者、公众提供服务，最大限度地提高资源利用效率。

4. 着眼需求，管理和服务并重

着眼于统筹解决当前公众对高速公路的服务需求，着眼于提高管理效率，创新管理和服务模式，以取得实实在在的效果。

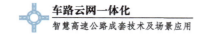
5．因时制宜，因路制宜，因地制宜

结合功能定位、服务定位，以解决实际需求为导向，选取适度超前的技术，保障基础设施及业务协同，适应时代发展需求。

6．自我生长，迭代升级

技术方案实施后，将实现主动控制和车路协同。面向未来的智慧高速公路系统，其架构和功能随着技术更新和成熟将快速迭代，实现由主动控制阶段向车路协同、协同式自动驾驶阶段迈进。

9.3　总体目标

雄安新区对外骨干路网智慧高速公路建设着眼便捷、安全、绿色、智能、经济五个维度，重点打造便捷舒适高效畅行、安全耐久品质示范、绿色生态资源节约、智能运维车路协同、路域经济协同发展"五个样板路"，建设"一中心、一平台、四感知、五网络、六体验"智能交通体系。

"一中心"——建设云计算数据中心，实现各项业务云化和全路资源共享共用。

"一平台"——构建一个一体化的智慧管理服务平台，提供动态交通管控、基于大数据的高速公路运营与服务智能化管理决策、智能服务、车路协同与自动驾驶体验、综合运维、协同综合办公等智慧管理与服务应用。

"四感知"——在 BIM、GIS、高精度定位基础上叠加基础设施健康监测状态、交通运行状态、环境状态、设备运行状态四方面智能感知，实现高速公路全要素数字化。

"五网络"——构建多元一体的融合通信体系，实现光纤数字传输网、短程通信专网、无线宽带走廊、窄带物联网和北斗定位网五大网络融合，提供平战结合、车路协同、稳定可靠的通信传输通道。

"六体验"——构建多部门信息共享、多位一体联动的智能服务体系，提供准全天候通行、全媒体融合、综合运维等六项体验。

9.4　工程实践

9.4.1　荣乌高速新线智慧高速建设实践

1. 路段特征

荣乌高速新线起自廊坊市永清县南大王庄村南，与京台高速交叉设置枢纽互通，预留东延条件，止于保定市定兴县柳卓村东，与京港澳高速交叉设置枢纽互通，预留西延条件。荣乌高速新线全长约 72.8km，设置南大王庄、千人目、独流、泗庄、柳卓五处枢纽互通立交，设置土楼、霸州北、马庄、张六庄、白沟北、北田 6 处服务型互通立交；设置匝道收费站 6 处、服务区 3 处、停车区 1 处、养护中心 1 处、监控通信分中心 1 处。

荣乌高速新线连接京港澳高速、大广高速等 5 条纵向高速公路，是雄安新区东西方向的重要货运通道，工程特点具体如下。

（1）荣乌高速新线承担雄安新区交通快速集散、转换功能，高速公路智能化、便捷化要求高。

《河北雄安新区规划纲要》提出打造绿色智能交通系统：搭建智能交通

体系框架，建设数字化智能交通基础设施，打造全局动态的交通管控系统。智能信息化是现代交通运输的重要内涵和核心要素，是实现"交通强国"的必要途径，是衡量"交通强国"建设水平的标尺。2020 年 6 月，交通运输部印发《关于河北雄安新区开展智能出行城市等交通强国建设试点工作的意见》（交规划函〔2020〕410 号），其中试点任务"智慧高速公路建设运营"提出，"通过 3～5 年时间，在荣乌高速新线建立分车道、分时段智能货运车辆管控系统，实现货运车辆智能化管理，出台智能货运车辆管控关键技术指南等政策性文件。"荣乌高速新线作为雄安新区对外骨干路网的重要组成部分，通过智能化建设，发挥信息化在交通运输行业的乘数效应，将显著提升人民群众的获得感。

（2）荣乌高速新线是通往天津及沿海港口集疏运体系的主要组成部分，是分流北京大外环交通的主要通道，货车占比较高，安全运营要求高。

随着我国"以国内大循环为主体、国内国际双循环相互促进"新发展格局的构建，雄安新区建设不断取得新成效，京津冀一体化进程不断推进，河北省沿海地区快速发展，晋北、蒙南等内陆地区通达冀东、天津及沿海港口的客货运需求不断增长。作为与冀中南联系最便捷的高速公路、东西部联系出海通道，以及北京大外环货运车辆绕行、疏解通道的重要组成部分，荣乌高速新线货车交通量将快速增长。其中，特大型货车占比不断增长，预计至 2050 年将增长近 10%，将给道路的交通管理和运输安全带来新的挑战。

2. 建设目标

围绕京南雄北货运主通道交通需求，荣乌高速新线以打造"准全天候、智能、货运通道"为目标，坚持"世界眼光，国际标准，中国特色，高点定位"，对标国际高速公路管理控制，面向安全、效率、服务提升，建立分车道、分时段智能货运车辆管控系统，实现车道级交通主动控制，探索车路协同，联合高速交警推进准全天候通行试点工作，打造高速公路智慧化建设样板。

3．应用效果

荣乌高速新线智慧高速公路以车路云网一体化智慧高速公路解决方案为基础，建设全量全要素数字感知系统、分车道分时段货车主动控制系统、多模式一体化车路协同系统、高效协同云控管理系统和精细化全面服务系统等，实现千米级全息化数字感知、分钟级预警、车道级交通管控、精准映射数字孪生、人机协同准全天候坐席管理、安全辅助及通行诱导等功能，为准全天候通行提供了技术条件。

1）具备时域预报预警能力的全路段精准感知系统

荣乌高速新线全路段 10km 间距设置全要素气象站、2km 间距设置能见度检测器，精准感知天气状态。荣乌高速新线全线布设千米超距毫米波交通雷达，其不受天气影响，可实现全天时、全天候车辆精准定位感知、交通事件快速检测。千米超距毫米波交通雷达、气象检测设备现场安装分别如图 9.1、图 9.2 所示。

图 9.1　千米超距毫米波交通雷达　　　图 9.2　气象检测设备

2）分路段、分车道、分时段的主动交通控制

荣乌高速新线建成系统耦合性最高、场景策略最丰富的车道级主动控制系统，依据实时交通流、环境状况、事件数据，动态评估交通运行态势，并采取相应主动控制策略，如图 9.3 所示。

图 9.3　主动控制效果对比

3）人机协同准全天候坐席管理

气象分钟级预警、策略秒级生成、路警联动审核、管控瞬时发布，实现准全天候通行的智能化高效管理。

4）实时映射的数字孪生

通过大规模全量多源数据整合，实现高速公路"感知、控制、协同、管理、服务"全业务场景高效、生动、直观地可视化呈现，提升事件、管控的响应效率。实时映射的数字孪生是有效支撑运营管理的新型模式。

2021 年 10 月至 2022 年 2 月，河北省交通规划设计研究院有限公司与河北省高速交警总队合作，针对雾、雪等不良天气下的管控策略、安全辅助及通行诱导参数、路警联动工作机制等，在国内率先启动基于智慧高速

技术能力支撑的准全天候通行技术保障测试，实现雾天和雪天安全通行。

千米超距毫米波交通雷达在雾天的感知效果如图 9.4 所示。

图 9.4　千米超距毫米波交通雷达在雾天的感知效果

当有不良天气时，数字孪生系统实现分钟级无现场道路巡查，气象设备实时感知道路不良气象信息并预警，车道级主动控制系统秒级生成控制策略并一键下发，安全辅助及通行诱导系统保障车辆安全通行，为保障荣乌高速新线在雾天（见图 9.5 ～图 9.8）和雪天（见图 9.9 ～图 9.12）安全通行提供技术条件；同时，河北省交通规划设计研究院有限公司联合河北省高速交警部门，基于技术与政策支持，保障准全天候安全通行。

2022 年 11 月，荣乌高速新线和京德高速、京雄高速，以及河北省高速交警高碑店大队、永清大队、霸州大队联合组织开展了恶劣天气道路安全保畅实战演练，打造雄安新区对外骨干路网准全天候通行闭合圈，实现区域范围能见度 50m 以上不封路，不断满足人民群众日益增长的美好出行需求。

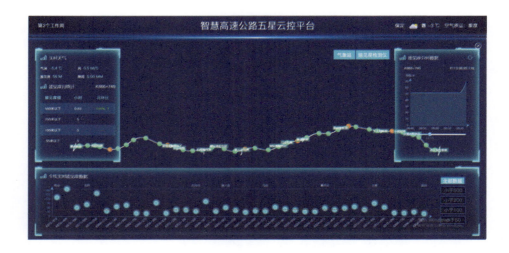

图 9.5　雾天安全通行——低能见度预警提示

图 9.6　雾天安全通行——主动发光轮廓标行车诱导

图 9.7　雾天安全通行——车道级限速信息发布

图 9.8　雾天安全通行——预警信息发布

图 9.9　雪天安全通行——人机协同准全天候坐席管理

图 9.10　雪天安全通行——车道级速度信息发布

图 9.11　雪天安全通行——预警信息发布

图 9.12　雪天安全通行——管控中心数字孪生界面

9.4.2　京德智慧高速建设实践

1. 路段特征

京德高速起自河北省固安县纪家庄村东的京冀界（永定河），与北京段

（机场南北航站楼联络线）顺接，止于河北省任丘市梁召镇南与津石高速交叉处。京德高速路线全长约 87.2km，设置知子营、千人目、徐各庄、梁召四处枢纽互通立交，设置机场、永清西、永清南、霸州东、文安北、文安西、大留镇 7 处服务型互通立交；设匝道收费站 7 处、服务区 2 处、停车区 2 处、养护工区 1 处。

京德高速是纵向机场高速的重要组成部分，直接与北京市大兴机场南北航站楼相连接，以客车交通为主，具体工程特点如下。

（1）作为连接北京市大兴机场与雄安新区的重要高速公路，京德高速为雄安新区与北京市大兴机场之间提供快捷、可靠、舒适的高速公路运输服务是基本需求。

（2）2020 年 6 月，交通运输部印发《关于河北雄安新区开展智能出行城市等交通强国建设试点工作的意见》（交规划函〔2020〕410 号），其中试点任务"智慧高速公路建设运营"提出，"在京德高速公路建成安全风险预警系统，利用交通仿真平台，实现实时碰撞风险预测，事故发生率大幅降低。"在京德高速主要服务群体中，客车占比达 70%，因此，有必要对高速公路交通运行状态、环境状况和车辆状态等进行有效、全方面的监测、预警和管控，实现主动化、一体化、云控管理，提高交通运营安全水平。

2. 建设目标

围绕安全、舒适的通行需求，依托"交通强国"建设试点任务，京德高速以安全为主基调，建设高速公路安全风险预警系统，优化运营管理，提高通行效率，提升出行体验，辅助行车安全，打造交通运营安全风险智慧防控示范高速公路，实现安全畅行、智慧服务。

3. 应用效果

京德高速依托车路云网一体化智慧高速公路解决方案，遵照"以安全为目标，以动态化＋个性化预警服务为支撑"的建设理念，打造以全息化数字感知系统、面向全局动态交通管理平台为支撑，以智能化数字孪生系统、安全风险预警系统、准全天候坐席系统、多元信息联合发布系统为着力点的京德智慧高速安全风险预警方案，满足智慧高速公路数字化、管理精准化和服务智慧化需求。

京德高速将现有传统机电设备与智慧高速管控手段相结合，充分利用现有资源，并结合路段特征，着力研发、实施多元信息联合发布系统。该系统独创定制化风险预警功能，同步搭载预警提示悬臂屏和动态控制车道屏，实现"大屏＋小屏"联合管控，完成风险预警、路途提示和动态控制等信息的联动协同。京德智慧高速常态化提供伴随式服务，大屏发布分车道限速信息，小屏发布路途提示信息。当有事件发生时，大屏还可以发布可变限速信息，小屏还可以发布预警信息和动态管控策略，使得管控措施更加丰富，降低交通安全风险。

京德高速共布设 77 套门架式可变信息标志和 61 套悬臂式可变信息标志。在日常状况下，大屏显示限速状况，小屏以显示地点距离、行程时间等路途提示信息为主。当发生拥堵、事故、施工、不良天气等事件时，大屏根据控制策略返回值动态显示限速信息变化，小屏配合大屏完成限速信息过渡、事件预警提示等信息发布，具体显示效果如图 9.13～图 9.17 所示。大屏＋小屏风险预警信息发布可较好地满足信息发布连贯性、完整性需求，在提示限速之前会提前告知道路使用者前方交通状况，使其可全面感知道路交通状况，让驾驶体验更加舒心、出行更加安全。同时，大屏＋小屏风险预警信息发布可以节约投资成本，具有较好的经济效益。

图 9.13　大屏伴随式服务——限速信息提示

图 9.14　大屏伴随式服务——交通事件提示

图 9.15　小屏多元信息服务——车道封闭提示

图 9.16　小屏多元信息服务——车道数减少提示

图 9.17　小屏多元信息服务——路途信息提示

第 10 章

展　望

面向智慧高速公路高质量建设，从基础理论、重大共性技术和关键技术、应用系统与服务集成等进行统筹规划，完善智能交通系统技术体系。在制定智慧高速公路发展方向时，统筹国情、技术发展趋势，面向新建高速公路和已运营高速公路构建差异化的智能高速建设标准，不搞技术堆砌，不为智慧而智慧，避免一哄而上，避免过度超前建设，坚持因地制宜、因时制宜、因路制宜，合理确定每条高速公路的智能化发展水平和发展方向，构建具有中国特色的新一代智慧高速公路。

结合当前技术现状和发展趋势，智慧高速公路面向管理者、用户，融合人、车、路、环境、社会五个因素，从感知、控制、协同、管理、服务五个层面构建技术框架体系，按照机电工程—主动控制—车路协同—协同式自动驾驶的技术阶段需求不断迭代，如图 10.1 所示。

图 10.1　智慧高速迭代示意

2020 年之前，高速公路交通基础设施主要设置监控、通信、收费等机电工程系统，服务和管理以人工为主，满足公众出行、路段管理的基本需求，以及车辆上路的基本条件。

1．主动控制阶段

2020—2025 年，以感知系统为基础，融合在不同场景下的主动控制策略，通过分车道信息发布、主动发光诱导等系统实现信息发布，构建多场景、多策略融合的车道化主动控制系统，实现高速公路分路段、分车道、分时段主动控制，满足高速公路使用者对信息和管理的基本要求，提高道路通行效率。

2．车路协同阶段

2025—2030 年，在高速公路主动控制的基础上，通过车联网将"车－路－云－人"交通参与要素有机地联系在一起，助力具备车路协同条件的车辆在环境感知、计算决策和控制执行等方面的能力升级，车辆与道路可在特定条件下实现协同决策与控制功能。

3．协同式自动驾驶阶段

2030—2035 年，搭建车辆高级别自动驾驶与道路车路协同系统融合协同的全新高速公路交通运行形态，保证车辆在所有道路环境下都能实现高等级自动驾驶，逐步实现协同感知、协同决策、协同控制。

面向未来，高速公路通过车路云网一体化建设，对交通大数据进行精准感知，并利用这些数据完成车道级精细管控、车路协同控制、网联化管理等，建设可持续、绿色低碳的智慧高速公路。同时，以智慧高速公路建设为突破，加大智能交通关键技术创新研究和应用，从软硬件产品研发、技术咨询、平台集成、数据挖掘、信息服务等方面主动探索新技术发展带来的变革，强化智能交通产业化布局，引领智能交通产业健康发展。

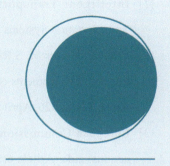

参考文献

[1] Intelligent Transportation Systems Joint Program Office. Intelligent Transportation Systems Joint Program Office Strategic Plan 2020-2025[R]. 2020.

[2] Erhart J, Harrer M, S Rührup, et al. Infrastructure support for automated driving: Further enhancements on the ISAD classes in Austria[C]. 8th Transport Research Arena TRA 2020, April 2020.

[3] European Commission. Updating the working programme in relation to the actions under Article 6(3) of Directive 2010/40/EU for the period 2022-2027[R]. 2022.

[4] Nobuyuki Ozaki. Intelligent Transportation Systems in Japan – Past & Current Situation[EB/OL]. 2023

[5] 中国智能网联汽车产业创新联盟，等. 车路云一体化融合控制系统白皮书 [R]. 2023.

[6] 丁飞，张楠，李升波，等. 智能网联车路云协同系统架构与关键技术研究综述 [J]. 自动化学报，2022，48（12）：2863-2885.

[7] 吴冬升. 智慧高速情况全扫描 2022 版 [EB/OL]. 2023.